赛迪研究院研究丛书 2023

产业链政策

国际趋势与我国策略

赵芸芸　林佳欣　等　著

电子工业出版社
Publishing House of Electronics Industry
北京·BEIJING

内 容 简 介

在全球产业链格局加速向区域化、本土化、多元化方向演变，产业布局逻辑从效率优先向兼顾效率与安全转变的变局中，推动产业政策向产业链政策转型已成为破解传统产业政策困境、推动发展和安全并举的迫切需要。本书围绕产业链政策实践、理论和体系构建三方面展开。在实践方面，发达经济体正在构建服务国家战略的产业链政策体系，我国探索出"链长制"等多种产业链模式；在理论方面，本书探讨了产业链政策的概念，并构筑了"节点—连接—价值"三位一体的理论框架；在体系构建方面，针对当前产业链发展中面临的问题，本书提出从"点上突破""链上协同""面上提升""横向联通"四个维度加快构建产业链政策体系。

图书在版编目（CIP）数据

产业链政策：国际趋势与我国策略 / 赵芸芸等著. —北京：电子工业出版社，2023.6
（赛迪研究院研究丛书.2023）
ISBN 978-7-121-45749-4

Ⅰ. ①产… Ⅱ. ①赵… Ⅲ. ①产业链－产业发展－研究－中国 Ⅳ. ①F269.2

中国国家版本馆 CIP 数据核字（2023）第 103795 号

责任编辑：王天一　　文字编辑：雷洪勤
印　　刷：北京虎彩文化传播有限公司
装　　订：北京虎彩文化传播有限公司
出版发行：电子工业出版社
　　　　　北京市海淀区万寿路 173 信箱　　　邮编：100036
开　　本：720×1000　　1/16　　印张：9.75　　字数：156 千字
版　　次：2023 年 6 月第 1 版
印　　次：2025 年 1 月第 8 次印刷
定　　价：58.00 元

赛迪研究院研究丛书
2023

编委会

主　编：张　立

副主编：刘文强　牟宗庆　胡国栋　乔　标　张小燕
　　　　王世江　高炽扬　秦海林

编　委：王　乐　李宏伟　程　楠　何　颖　关　兵
　　　　韩　健　纪丽斌　杨柯巍　赵芸芸　李艺铭
　　　　邵立国　梁一新　彭　健　王伟玲　林佳欣
　　　　张昕嫱　曹　方　乔宝华　张文会　韩　力
　　　　曹慧莉　路煜恒　魏国旭

产业链政策——国际趋势与我国策略

课 题 组

课题负责人

赵芸芸　中国电子信息产业发展研究院新型工业化研究所副所长、副研究员

课题组成员

林佳欣　中国电子信息产业发展研究院新型工业化研究所产业政策研究室博士

陈全思　中国电子信息产业发展研究院新型工业化研究所产业政策研究室主任

李沁蔓　中国电子信息产业发展研究院新型工业化研究所产业政策研究室博士

童冰鑫　中国电子信息产业发展研究院新型工业化研究所产业政策研究室助理研究员

李艺铭　中国电子信息产业发展研究院新型工业化研究所副所长、研究员

卢倩倩　中国电子信息产业发展研究院电子信息研究所数字经济研究室博士

高　雅　中国电子信息产业发展研究院电子信息研究所数字经济研究室博士

张　哲　中国电子信息产业发展研究院电子信息研究所数字经济研究室助理研究员

序 | Preface

　　纵观全球经济发展史，产业政策无论在发达国家还是发展中国家都得到了广泛应用，为促进各国经济增长、产业结构调整和资源优化配置发挥了积极且显著的作用。我国于 20 世纪 80 年代开始引入产业政策，将其作为推动市场化改革的重要手段，特别是 1989 年发布第一部以产业政策命名的文件——《国务院关于当前产业政策要点的决定》，开始了我国产业政策的积极探索。经过 40 多年的发展演变，我国构建了集产业结构政策、产业组织政策、产业技术政策、产业布局政策于一体的产业政策体系，在增强产业竞争力、促进我国经济健康可持续发展等方面发挥了重要作用。

　　当前，世界百年未有之大变局加速演进，新一轮科技革命和产业变革深入发展，全球产业链、供应链格局面临重塑。在这个过程中，美国等发达国家都非常重视产业政策作用，以提高效率为着力点，加大了产业政策工具的运用力度。对内，梳理产业链关键短板和风险点，多措并举提升本土供给能力。如美国通过对半导体制造和先进封装领域开展供应链安全审查，识别出其在芯片制造环节能力相对薄弱，从而在《芯片与科学法案》中运用优惠贷款、投资税收减免等手段，激励在美国进行芯片生产制造。对外，推动产业链、供应链布局，提升产业链韧性和安全水平。如日本设立"海外供应链多元化支援项目"，出资推动部分生产线迁移至东南亚地区，实现多国布局，同时，还积极与其他经济体共同发布《全球供应链合作联合声明》《应对新冠疫情的经济韧性倡议》等文件，开展产业链合作。

　　面对复杂严峻的国内外形势，我国高度重视产业链、供应链安全稳定，各地积极先行先试，探索形成了多种有效模式。比如，"链长制"模式，由地方主要领导担任"链长"，加强资源整合和统筹推进，着力解决链条不完整、配套不

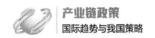
完善、保障不到位等问题。又如，"链长+链主"模式，政府联手龙头企业协同推进产业链的建设、培育、优化、补强、延伸等工作。再如，多链融合模式，通过链长牵总、盟长搭台、校长支撑、行长帮扶，着力解决科技与产业"两张皮"、人才供需失衡、金融供需错配等问题。种种迹象表明，推动产业政策向产业链政策转型已成为大势所趋。

面对新一轮发展，必须统筹发展和安全，着力在补短板、锻长板、促畅通、优生态上下功夫，构筑灵活高效、强韧安全的产业链、供应链体系。

一是聚力"点上突破"。这是确保产业链、供应链循环畅通的基础和前提。在开展重点领域产业链、供应链风险评估和安全审查基础上，全面梳理可能攸关国家经济安全和国防安全的关键核心技术，精准识别被"卡"的薄弱环节，利用好完备的产业体系、巨大的内需市场和强大的动员组织能力等综合优势，集中优质创新要素和主体，加速"卡脖子"点上的突破，构建自主可控、安全可靠的国内生产供应体系。

二是强化"链上协同"。这是确保产业链、供应链循环畅通的关键和重点。在制定和实施产业政策过程中，更加注重针对产业链的系统化设计、更加注重打破行业和部门壁垒，把政策着力点放在促进"上下游"循环畅通、"产学研"协同联动、"大中小"融通耦合、"国内外"协调发展上。探索上中下游互融共生、协同联动的一体化组织新模式，通过供需调配、要素协同和标准对接，促进上下游各环节高效联通和效率提升。

三是注重"面上提升"。这是确保产业链、供应链循环畅通的目标和结果。坚持"全国一盘棋"，加强对产业链、供应链的整体统筹和规划，根据各地区资源禀赋和特色优势，优化产业链分工布局，规避产业链过度集中部署带来的"无解"危机。同时，统筹物流等基础设施建设，强化特殊场景下基础设施联通能力保障，推动平时、急时等多状态下基础设施依然互联互通、协调联动，保障在疫情等突发事件发生时产业链、供应链依然维持顺畅运转。

本书提出了产业链政策的概念，并通过理论研究和实证分析，构建了"节点—连接—价值"三位一体的产业链政策体系,辅之以政策协调机制,形成了一套兼具体系性、创新性和实践性的研究成果,希望给学术界和产业界带来一些积极的作用。

中国电子信息产业发展研究院副院长　乔标

2023 年 5 月

前言 | Introduction

产业政策在各国经济发展过程中发挥着重要作用。近年来，世界面临百年未有之大变局，加之新一轮科技革命和产业变革的蓬勃发展，全球产业技术体系、空间格局、布局逻辑正在发生前所未有的变化，对现行产业政策提出了更多新要求。从国际环境看，重大公共危机事件频发导致全球产业链格局加速向多元化、区域化和本土化演进，产业链布局逻辑由效率优先向兼顾效率与安全转变，产业安全在产业政策中的分量不断提升。从产业发展看，全球经济竞争从企业竞争向产业链竞争转变，产业链整体效率和稳定性成为影响产业竞争力的重要因素，对传统分业而治的产业政策提出了新要求。从产业管理需要看，我国产业管理从部门管理到行业管理再向产业链管理转变，要求产业政策更加关注跨部门、跨领域、跨区域的产业协同诉求。

面对上述新形势、新要求，符合产业发展趋势的产业链政策应运而生。产业链政策是从产业链视角实施的产业政策，以产业链关键环节、各环节之间的衔接畅通以及全产业链的价值升级为着力点，采用供应链金融、产业链政府采购、产业链保险、产业链知识产权保护等手段，通过有效市场和有为政府更好地结合，实现保障产业链安全稳定、促进产业链循环畅通、增强产业链国际竞争力等目标。推动产业政策向产业链政策转型，是促进我国产业管理优化升级的现实需要，是构建现代化产业体系、确保国民经济循环畅通的客观要求，是应对大国经济博弈、提升产业链韧性和安全水平的迫切需要。

本书以产业链政策为主题，首先，分析了产业政策的演进历程和面临的新问题、新挑战，进而提出产业链政策的必要性和紧迫性。其次，围绕产业链政策的制定与实施，在国际层面以美国、欧盟和日本为代表，介绍发达经济体产业链政策部署；在国内层面梳理总结典型地方开展产业链政策的实践探索，总

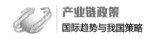

结共性做法和经验模式。还有，从理论基础、概念内涵、主要特征等方面尝试构建产业链政策的基础理论，并创新性地构建了由节点政策、连接政策和价值政策组成的产业链政策框架体系。最后，针对我国产业链面临冲击、效率待提升、向高端发展需求迫切和生态失衡四个方面的问题，从"点、线、面"三个维度提出加快构建我国产业链政策体系的建议。此外，电子信息行业是产业链环节众多、产业链管理需求突出、产业链政策实践较多的行业，亦是中国电子信息产业发展研究院的优势研究领域，因而本书对电子信息行业的产业链政策实践进行了专题研究。

本书重点回答了以下四个问题。一是产业链政策"概念是什么"。本书提出的产业链政策是政府为保障产业链安全稳定、促进产业链循环畅通、增强产业链国际竞争力等目标，制定出台的作用于产业链各环节以及促进各环节衔接畅通的各类产业政策的总和，具体可分为产业链节点政策、产业链连接政策和产业链价值政策三类。二是产业链政策"实践是什么"。发达经济体运用摸底备份、建群结盟、多元布局、强化技术、主导规则等方式，正在构建服务其国家战略的产业链政策体系，以期在全球产业链竞争中占据制高点；我国各地顺应全球产业链竞争趋势，探索出"链长制""链长+链主""多链融合""产业链跨区域协作"等高效的产业链政策模式，为我国产业链政策提供了典型样本。三是产业链政策"目标是什么"。我国产业链政策以统筹发展和安全为导向，重点解决产业链当前面临的被动脱钩、效率低下、低端锁定、生态离散等问题，推动经济行稳致远。四是构建产业链政策体系"要点是什么"。我国应重点从四方面着力，即聚力"点上突破"，加强产业链关键节点补短锻长；强化"链上协同"，促进产业链各环节连接融通；推动"面上提升"，引导产业链高端化升级；加强"横纵联动"，完善产业链政策协调机制。

希望本书的出版能有助于读者更深刻地理解产业链政策的理论内涵，更明晰地厘清产业链政策的实践动向，引发政府、高校、企业、行业协会等各方主体更深入地思考和关注产业链政策，并为政府制定和实施产业链政策提供决策支撑，助力产业链供应链安全稳定。

目录 | Contents

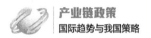

第一章 │Chapter 1

从产业政策到产业链政策

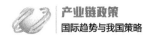
自 17 世纪末以来，产业政策在世界经济发展中发挥了举足轻重的作用，其理论和实践伴随经济发展阶段的变化而不断演进升级。近年来，围绕产业政策的争论日益增多，现行产业政策面临的问题和挑战不断显现。适应新的产业发展形势需要的产业链政策逐渐进入大众视野，本书称之为产业政策 3.0，这是继选择性产业政策（产业政策 1.0）和竞争性产业政策（产业政策 2.0）之后的新的产业政策形式。

一、产业政策的起源及演变

从世界经济发展史来看，产业政策的相关思想源自 17 世纪后的资本主义国家，在典型国家实践的基础上，产业政策的概念、理论不断丰富和完善，并对后发工业化国家的发展发挥了巨大作用。

（一）产业政策的起源和内涵

1970 年，日本通产省事务次官在经济合作与发展组织召开的会议上以"日本的产业政策"为题进行演讲，这是"产业政策"一词首次正式亮相。随后，经济合作与发展组织事务局在 1972 年出版了《日本的产业政策》一书，这标志着产业政策被正式列入经济学理论。伴随着日本经济的腾飞，以及改革开放后中国工业的崛起，产业政策受到越来越多的关注。尽管产业政策已经在各国经济发展中广泛运用并长期实践，但由于各国发展阶段、经济体制、资源禀赋等各方面因素的影响，各国产业政策的原则、措施、目标等存在较大差异，政府、学术界、产业界对产业政策的概念内涵尚未形成完全一致的认识。目前对于产业政策的定义有两种：一类是狭义的产业政策，另一类是广义的产业政策。

狭义的产业政策是指政府为了改变某种或某几种行业内的资源分配、产业结构、组织形态等而采取的政策。这种观点认为，只有聚焦于具体的行业，且通过政府力量来干涉、改变原本的产业结构，引导产业发展方向的政策，才能识作产业政策。例如，小宫隆太郎[1]认为"产业政策是政府为改变产业间资源分配和各种产业中私营企业的某种经营活动而采取的政策"。中国国务院发展研究

---

① 小宫隆太郎，奥野正宽，铃村兴太郎. 日本的产业政策. 北京：国际文化出版公司，1988.

中心产业政策专题研究组认为："产业政策是对某种（某几种）产业的生产、投资、研究开发、现代化和产业改组进行促进，而对其他产业的同类活动进行抑制的政策。"产业政策是通过协调技术、人才、金融、财政、税收、外汇、外贸等政策的制定和实施形成的政策体系。[1]江飞涛认为，中国倾向采取的产业政策主要是选择性产业政策，"几乎涵盖所有产业，更多地表现为对产业内特定企业、特定产品、特定技术的选择性扶持以及对产业组织形态的调控，表现出强烈的直接干预市场的特征"。[2]张维迎认为，产业政策是政府采用市场准入限制、投资规模控制、信贷资金配给、税收优惠和财政补贴、进出口关税和非关税壁垒、土地价格优惠等手段对私人产品生产领域进行的选择性干预和歧视性对待，从而达到经济发展或其他目的。[3]

广义的产业政策是指，政府对生产和企业所采取的一切政策的总和，认为只要政府采取了对产业、企业、市场有影响的政策，不论其目的、路径、结果如何，都算作产业政策。该观点将产业政策的范围泛化，认为与产业发展相关的直接和间接的手段都是产业政策的一部分。例如，宫本惠史认为产业政策是国家或政府"直接或间接干预商品、服务、金融等的市场形成和市场机制的政策的总称"。刘鹤认为产业政策是政府针对产业经济活动而制定和实施的各类政策，"中央政府是政策主体，产业经济活动（特别是制造业）是政策客体或政策对象，改变或影响某些产业的经济活动是制定政策的目标"。[4]林毅夫认为，有选择性地使用资源来帮助某些产业的企业家克服外部性和协调问题的措施就是产业政策，包括关税及贸易保护、税收及补贴等。[5]

结合我国实践，我们认为产业政策是指政府为了促进或引导产业发展、改善目标产业的经济活动而制定的一系列政策措施。

[1] 我国产业政策的初步研究. 计划经济研究, 1988（5）: 1-12.
[2] 江飞涛, 李晓萍. 直接干预市场与限制竞争: 中国产业政策的取向与根本缺陷. 中国工业经济, 2010(9): 26-36.
[3] 张维迎. 产业政策是与非. 商业观察, 2016（11）: 12-13.
[4] 刘慧敏. 新时期我国产业政策的类型和表现形式——访国家计委长期规划和产业政策司副司长刘鹤. 中国投资与建设, 1994（7）: 11-13.
[5] 林毅夫. 产业政策与我国经济的发展:新结构经济学的视角. 复旦学报(社会科学版), 2017(59):148-153.

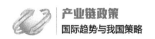

按照政府作用的强度和方式，产业政策可以分为选择性产业政策和功能性产业政策。选择性产业政策是指主动选择新兴产业、战略产业和重点特殊产业，通过直接调整产业结构、引导产业发展、干预资源调配等，实现产业发展的优化。功能性产业政策并不聚焦具体行业，而是通过政策手段完善或强化物质基础设施、社会基础设施、制度基础设施等，达到优化市场环境、降低交易成本、促进技术创新、提高人力资本投资等目的，从而促进产业的发展。

（二）产业政策的发展和演变

结合全球生产力和生产关系的发展、工业化发展阶段以及产业政策的作用特点，我们将产业政策的发展和演变划分为以下四个阶段。

1. 18世纪之前的农业及手工业时期，英国等国家零星采取税收、特殊许可、补贴等政策促进本国产业发展壮大

这一阶段可以称为产业政策的探索阶段，尚未形成统一的理论和学说，各国结合本国政治制度、资源禀赋、工艺技术等客观条件，采取税收、特殊许可、人才补贴、政治庇护等手段来干预国际贸易，增强本国产品的市场竞争力。例如，英国曾经根据国籍不同对羊毛出口征收差异化的关税，外国商人被征收的税金甚至是本国人的好几倍；采用商业特许权为本国商人在海外寻求便利，并大力采取优惠措施从欧洲大陆引进呢绒产业链各个工序上的能工巧匠。在产业政策的助力下，英国国家经济结构发生重大变化，从呢绒产业的"弱国"快速发展成为呢绒产业的"强国"。①

2. 18—19世纪，以美国、德国为代表的后起资本主义国家探索运用产业政策保护本国幼稚产业，产业政策理论基础初步形成

这一阶段可以称为产业政策的发展期。英国率先完成第一次工业革命后，其工业生产力水平大幅提升，经济影响力逐步扩散全球。北美及欧洲各国面临着英国先进生产力带来的冲击，本土产业不断受到挤压，部分政治家、学者开始关注如何保护本国幼稚产业，促进本国重点产业发展。这一时期，保护幼稚产

---

① 伍山林. 如何认识经济思想的"谱系"——以英国重商主义为例. 经济思想史学刊, 2021（3）: 148-164.

业的相关理论被提出，并在往后很长一段时间内影响着各国产业政策实践。最具代表性的案例便是美国的"工业立国"战略及德国历史学派的幼稚产业保护理论。

美国在建国伊始就确立了"工业立国"战略，并以此战略指导美国工业化进程。其典型表现是美国政治家、经济学家汉密尔顿提出要保护幼稚产业，并于1791年向国会提交了《关于制造业的报告》，表示产业发展不用经过漫长自发的改变，可以通过政府的鼓励与支持使大家所期望的变化尽早实现，这样更符合个人和社会的利益。汉密尔顿认为，一个国家的新产业想要与别国的成熟产业竞争，需要政府的特殊援助和保护。汉密尔顿同时还提出了运用保护关税、竞争物品的禁止、贸易限制、奖金等措施来鼓励本国产业发展。这一报告深刻影响了美国在第二次世界大战前的政策制定，被称作"美国工业化的宪章"。

德国历史学派代表人物李斯特系统地阐述了幼稚产业保护理论。他认为，如果不对本国的幼稚产业进行保护，而是直接让其与高度发达国家的竞争对手正面竞争，本国幼稚产业无疑会遭受毁灭性的打击。李斯特认为，各国产业情况存在差异，处于不同的发展阶段，不能单纯地从比较优势出发参与全球贸易。他认为，当一个国家处于农业到工业过渡时期时，应当采取贸易保护政策，通过国家干预发展生产力，保护幼稚产业对抗外来冲击，使其成长为成熟的产业。李斯特还提出，当对一个产业的保护超过一段时间，或者幼稚产业已经发展成为强大的产业时，就可以取消对该产业的保护。①

3. 20—21世纪初，不同国家走向差异化产业政策道路，以日本、中国等为代表的新兴工业化国家采取系统性产业政策促进经济发展

这一阶段可以称为产业政策的成熟期，产业政策在发达经济体和发展中经济体中各自演变，发展成为两个体系。以美国为代表的发达经济体，逐渐从选择性产业政策转向功能性产业政策，并将产业政策隐藏在创新政策、国家安全法案等文件中，利用补贴、关税、政企合作等手段促进本国科技发展。以日本为代表的新兴经济体，在政府主导下采取系统性的产业政策促进经济发展，加速本国工业化进程。

---

① 弗里德里希·李斯特. 政治经济学的国民体系. 邱伟立，译. 北京：华夏出版社，2013.

第二次世界大战以后，美国加速重建战后科技体系，将产业政策隐蔽在"创新政策"之下，政府不断加强对科技创新的支持。[1]1945 年，时任美国战时研究与发展局局长、总统高级顾问的范内瓦·布什向罗斯福提交了《科学——无尽的前沿》报告，在该报告的指导下逐渐形成了现代美国科技产业创新体系和政策规划的雏形。20 世纪 50—70 年代末，美国采取完善产业自我调整机制的政策、协调产业结构的政策、提高产业竞争力的政策等，构建国内创新体系，系统性地提升科学技术水平，保持科技领先地位。这一时期产业政策最大的特点是，具有多层次性、非规划性及干预的间接性。[2]20 世纪 80 年代初至 2008 年国际金融危机前，美国产业政策的目标转向促进产业创新与技术扩散，重点聚焦于如何促进科技成果商业化以及培育战略性新兴产业。

20 世纪中后期，日本、"亚洲四小龙"等新兴工业化国家和地区的经济腾飞是系统性产业政策发挥作用的典型代表。其中，日本打造了现代产业政策的典型"样板"，对后发追赶型国家的产业政策实践产生了重大影响。第二次世界大战以来，为尽快恢复经济，追赶美欧步伐，以通产省为主的政府机构秉持效率性、补充性、暂时性、明确性的原则，采取财政、金融、行政指导、制度变革等手段，实现产业发展、结构调整、组织优化以及国际关系和公共关系改善等目的。20 世纪 40—60 年代初，日本产业政策的重心是推行"产业合理化"政策，通过"倾斜生产方式"促进煤铁等产业复苏，促进自主产业体系的建立。20 世纪 60 年代，日本形成了统一的政策体系，提出以"需求的收入弹性标准"及"劳动生产率增长率标准"来确立主导产业，促进产业结构向重化工业转变，谋求与国际化相适应的产业体制。[3]20 世纪 70 年代，日本产业政策的重心逐渐转向竞争政策，促进产业结构向知识密集型工业转型。20 世纪 80 年代中期至 20 世纪末期，伴随着经济由出口型向内需主导型转变，日本产业政策的重心转向功能性产业政策，试图通过产业政策的调整减少贸易摩擦，优化日本所面临的外部环境。

---

[1] 沈梓鑫，江飞涛. 美国产业政策的真相：历史透视、理论探讨与现实追踪. 经济社会体制比较，2019(6)：92-103.

[2] 周叔莲，杨沐. 国外产业政策研究. 北京：经济管理出版社，1988.

[3] 陈淮. 日本产业政策研究. 北京：中国人民大学出版社，1991.

新中国成立以来，我国在实践中探索形成了具有中国特色的产业政策体系。从新中国成立到改革开放之前，为快速恢复和发展经济，我国实行政府主导型计划经济体制，集中有限资源优先发展钢铁、石油等重工业。改革开放以来，我国推动计划经济向社会主义市场经济转型，产业政策正式纳入政府治理体系。1988 年，国家计委产业政策司成立，国家从顶层设计层面开始，重视产业政策的研究及规划起草。1989 年，《国务院关于当前产业政策要点的决定》发布，这是我国第一部以产业政策命名的政策文件，该文件确定了当时产业结构调整的基本安排，设定了产业政策制定的原则，同时确定了生产领域、基本建设领域、技术改造领域、对外贸易领域的产业发展序列，并列举了具体的支持和限制的产品名录。1994 年 4 月，国务院发布《90 年代国家产业政策纲要》，要求制定国家产业政策必须遵循"符合建立社会主义市场经济体制的要求，充分发挥市场在国家宏观调控下对资源配置的基础性作用"的原则，并对产业政策的制定程序和实施要求做出一系列规定。可以说，这是我国规范产业政策工作，建立科学、权威、有效的产业政策体系的初步探索。2001 年，我国加入世界贸易组织以来，我国经济更加深入地融入全球经济体系，为适应开放发展的需要，这一时期的产业政策总体上坚持市场在资源配置中的基础性作用，基本形成了由产业结构政策、产业技术政策、产业组织政策、产业布局政策构成的以选择性产业政策为主体的体系。[①]21 世纪初期我国实施的产业政策示例如表 1-1 所示。

表1-1 21世纪初期我国实施的产业政策示例

政策类型	典型政策文件	主 要 内 容
产业结构政策	《促进产业结构调整暂行规定》(国发〔2005〕40号)	提出了产业结构调整的目标和原则，明确了产业结构调整的方向和重点，制定了产业结构调整指导目录，细分为鼓励、限制和淘汰三类
	《国务院关于加快推进产能过剩行业结构调整的通知》(国发〔2006〕11号)	针对钢铁、水泥、电解铝、汽车等产能过剩行业，提出了"依靠市场、因势利导、控制增能、优化结构、区别对待、扶优汰劣"的调整原则，以及推进技术改造、促进兼并重组等8项重点措施

① 江飞涛，李晓萍. 改革开放四十年中国产业政策演进与发展——兼论中国产业政策体系的转型. 管理世界，2018，34（10）：73-85.

续表

政策类型	典型政策文件	主要内容
产业技术政策	《国家中长期科学和技术发展规划纲要（2006—2020 年）》（国发〔2005〕44 号）	确立了科技发展指导方针、发展目标和总体部署，针对制造业、信息产业及现代服务业等 11 个重点领域，明确了发展思路和优先发展的主题，对创新体系建设、政策措施、科技平台建设、人才培养等方面做出了相应的工作部署
	《国家产业技术政策》（工信部联科〔2009〕232 号）	针对高新技术及产业化和传统产业，明确了各领域的发展方向和重点，并从构建国家技术创新体系、加快技术创新政策环境建设等方面提出了政策举措
产业组织政策	《中华人民共和国中小企业促进法》（中华人民共和国主席令第六十九号）	从资金支持、创业扶持、技术创新、市场开拓、社会服务等方面提出了支持中小企业发展的体系化政策，增强法律层面的可操作性
	《国务院关于促进企业兼并重组的意见》（国发〔2010〕27 号）	针对汽车、钢铁、水泥、机械制造、电解铝、稀土等行业，提出推动优势企业实施强强联合、跨地区兼并重组、境外并购和投资合作等，提高产业集中度，并配套提出相关引导和扶持政策
产业布局政策	《国家发展改革委关于印发促进产业集群发展的若干意见的通知》（发改企业〔2007〕2897 号）	从优化区域和产业布局、提高土地等资源利用效率、培育区域品牌、规范引导区域产业转移等方面促进产业集群发展
	《工业和信息化部关于促进产业集聚发展和工业合理布局工作的通知》（工信部产业〔2009〕103 号）	提出依据"布局集中、用地集约、产业集聚"的原则，结合区域资源环境承载能力、产业基础和发展优势，统筹考虑区域产业结构和产业布局，促进优势产业、关联企业和相关保障要素集约建设，形成若干主导产业明确、关联产业集聚、资源设施共享、污染治理集中、废物循环利用的工业集中发展区

资料来源：赛迪研究院整理。

4. 21 世纪初以来，发达经济体纷纷加强国家干预以维持自身领先优势，我国产业政策更加侧重创新引领和市场驱动

这一阶段可以称为产业政策的强化期。2008 年金融危机以来，美、欧等发达经济体认为，世界产业链中本国基础工业出现空心化问题，于是纷纷启动"制造业回流"计划，并密集出台产业政策，以图牢固控制全球产业链。以美国为例，美国自奥巴马时期开始推行制造业复兴和再工业化战略，大规模投资基础设施，意图强化美国传统制造业、发展新兴产业、促进科技创新，推动美国经济走出低谷。特朗普时期更是强化了这一战略，通过加强贸易保护主义、实施选择性干预政策等调整全球产业格局。拜登上台以来，通过进一步强化科技实力，构建"小院高墙"式防御政策，拉圈子、建国墙，搞基础设施建设等，力图巩固其在全球经济、科技领域的领先地位。

自党的十八大以来，我国经济体量不断壮大，经济发展从高速增长转向高质量发展，产业政策的目标也从推动经济规模扩张转变为促进经济提质增效。这一时期工业领域的产业政策突出表现为强化创新对产业发展全局的引领作用和市场对于资源配置的决定性作用，激发全社会的创新创造创业活力。如 2015年出台的制造强国战略，提出了提高国家制造业创新能力、推进信息化与工业化深度融合等 9 项战略任务，部署了制造业创新中心建设、工业强基、智能制造、绿色制造、高端装备创新 5 大重点工程，并从深化体制机制改革、营造公平竞争市场环境与健全多层次人才培养体系等方面强化了政策保障。再如，国务院陆续出台了《质量发展纲要》《国务院关于新形势下加快知识产权强国建设的若干意见》《国务院关于加快发展现代职业教育的决定》等文件，从多方面不断完善对创新的引导和支持，有效激发了全社会创新创业活力。

二、产业政策面临的新问题、新挑战

产业政策的作用方式和效能离不开特定的时代背景、产业模式和政府管理体制。随着经济发展的不断演进，旧政策的不适应性不断显现，新的政策模式不断涌现、迭代和升级，成为与产业发展相辅相成的重要方面，这是产业政策发展的一般规律。当今世界，全球产业技术体系、组织模式、空间格局正在发生前所未有的变化，现行产业政策的局限性再一次凸显。

（一）传统分业而治的产业政策对产业发展的系统性支持不足

从各国实践状况来看，传统产业政策主要是政府为优化具体产业发展而实施的各种手段，具有明显的范围边界。例如，各国在经济发展中基本都对纺织、机械、钢铁、汽车、电子信息等行业出台过明确的支持政策。这些行业具有明确的内涵外延，产业政策的对象相对明确。

随着新一轮科技革命蓬勃发展，新技术、新产业、新业态不断涌现，多重技术交叉融合，产业边界日益模糊化，产业发展跨行业、跨领域特征愈加突出。以新能源汽车产业链为例，2021 年中国新能源汽车整车 1.6 万亿元的消费额带动了上下游产业链 4.8 万亿元的产值[1]，这种辐射带动作用真实反映出新能源汽车产业链链条长、涉及行业多的特点。据不完全统计，新能源汽车产业链涉及 100 多个行业，不仅包括传统的汽车制造，还包括芯片、软件、电路系统、燃料电池、电机等多个领域，任何一个环节配套不力，都会影响整条产业链的正常运转。近年来，为应对地缘政治摩擦造成的供给受阻、原材料价格大幅上涨等冲击，大众、通用等多家车企通过深化与原材料供应商的合作、在矿产资源领域投资设厂等方式进一步加强与产业链上游环节的联系，这是产业链模式的一个典型例证。新能源汽车产业链概况如图 1-1 所示。

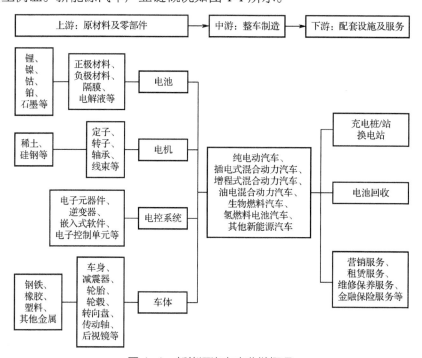

图 1-1　新能源汽车产业链概况

资料来源：赛迪研究院归纳整理。

① 刘垠. 中国电动汽车百人会论坛（2022）上多部委重磅发声——直面挑战，新能源汽车向科技创新要答案. 科技日报，2022-03-28.

产业链模式下，产业发展涉及上下游各行业、各领域、各环节的协同配套，产业链整体效率和稳定性成为影响产业竞争力的重要因素。与产业链发展的需求相比，现行分业而治的产业政策对产业链各环节之间的协调不足，容易出现"头痛医头，脚痛医脚"的问题，缺乏系统性和全局性考虑。

（二）传统聚焦一地发展的产业政策对产业合作的区域协同不足

产业政策具有典型的地域特征。从全球来看，各个国家结合各自政治机制、经济模式和发展诉求，以提高本国产业竞争力为目标，制定实施符合本国利益的产业政策。对于域外产业发展，各国通过协商达成各种双边或多边机制，在共同的政策框架下开展国际经贸合作。这种模式在经济全球化的背景下，符合各国共同利益，有效促进了国际经济的蓬勃发展。

近年来，全球地缘政治摩擦频发，逆全球化势力抬头，叠加新冠疫情的冲击，导致一些经济大国纷纷推动产业链加速向本土化、区域化转变，并配套出台一系列产业政策，构建各种"小圈子"和"利益集团"。这种产业政策以本国利益最大化为目标，罔顾他国利益，严重扰乱了全球经济发展秩序，违背了产业发展的客观规律，不利于全球经济的长远发展。

从产业发展规律看，一个经济体不可能拥有经济发展所需要的全部生产技术和资源要素，也不可能关起门来单打独斗、自我发展，特别是在经济全球化不可逆转的当今世界，发挥比较优势、参与全球竞争合作，已经成为各国提高经济效率和效益的最佳途径。产业政策的制定实施也要积极调整，以技术、要素、市场为基础，以产业链供应链为纽带，发挥比较优势，加强国际合作互补，实现互利共赢发展。

（三）传统仅关注产业本身的产业政策对产业生态的培育不足

产业发展既取决于研发、生产、制造、工艺、装备等产业领域的要素，更离不开技术、人才、环境、文化、基础设施等非产业领域的支撑，这些要素共

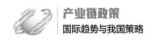

同构成了"产业生态系统"①，任何一个要素的缺失都会对产业发展造成影响。例如，在新一轮科技革命和产业变革背景下，各种新技术、新业态不断涌现，每一种新技术的技术路线和衍生出的新业态或模式千差万别，这直接决定产业的发展走向。那些技术路线可行、符合大众需求的新业态和新模式，将最终成长为优势主导产业，如当前蓬勃发展的人工智能产业。反之，那些不具备应用前景的科学技术只能暂时搁置甚至被淘汰。如何运用产业政策有效甄别并支持这些新技术的产业化显得尤为重要。

然而，传统产业政策往往侧重于关注和作用于产业本身，对产业生态系统的培育尚显不足。我们通常看到的产业发展的人才短缺、金融保障结构性不足、不同区域的市场门槛等问题虽然表现在产业发展上，但解决问题根本上还得在产业之外下功夫。以用工为例，各国在产业结构调整、新旧动能转换过程中普遍遇到结构性失业问题：新产业的用工需求难以满足，而"夕阳产业"的劳工供给相对过剩。要解决这一问题，根本上需要在学科设置、再就业技能培训、创业辅导等方面出政策。

（四）传统以提升效率为主的产业政策对产业安全的保障不足

在经济全球化背景下，各国注重发挥比较优势，以发展为第一要务，通过参与全球产业分工合作获得本国所需要素、市场和资源。企业作为经济活动的最重要主体，遵循"利润最大化"原则，广泛开展全球产业布局。在这种情况下，产业政策具有明显的"效率导向"特征。例如，波音公司作为一个庞大的企业集团，通过高效的供应链管理实现了"全球化生产"。据不完全统计，波音747飞机包括400万余个零部件，供应商遍布全球65个国家，涉及1500个大企业和15000个中小企业。这种组织形式凸显了"效益第一"的目标追求。

近年来，全球经济发展中的安全问题日益增多。这其中，既有新冠疫情等全球性公共卫生事件带来的产业链物理性断裂问题，也有部分国家地缘政

---

① 李晓华，刘峰. 产业生态系统与战略性新兴产业发展. 中国工业经济，2013（3）：20-32.

治冲突产生的区域性"产业围堵"的问题，还包括洪水、火灾等各类自然灾害导致的非正常停工停产问题等。各国逐渐意识到产业安全的重要性，全球产业布局逻辑也由效率优先向兼顾效率与安全转变。为适应这一变化，产业政策的改革迫在眉睫，亟待在以往"注重效率"的基础上向"发展和安全并举"转变。

三、新时期产业链政策应运而生

新形势下，传统产业政策的局限性显现，符合产业发展趋势的新产业政策呼之欲出。这个"新产业政策"，既是对传统产业政策的改进升级，也是立足当前产业链竞争、实现产业"发展和安全并举"的必然结果。

（一）产业链政策是破解传统产业政策困境的必由之路

产业政策从诞生之日起，便因时因势而不断发展变化。每一时期，应产业发展的需求，形成了不同模式的产业政策。随着生产力水平的不断提高，生产关系的不断改善，产业发展面临新的使命任务，产业政策便不断优化升级。

在产业发展初期，全球生产力水平比较落后，各个国家依托本地优势资源发展特色产业，产业分工以产业间分工为主，不同国家之间在有限范围内进行初级国际贸易，形成了发达国家以工业品交换不发达国家初级产品的国际贸易体系。各国为了巩固并不断增强本国产业国际竞争力，采用具有明显指向性的产业政策来扶持特定行业的发展。比如，英国、美国等先行工业化国家早期通过行政特许、关税、补贴等方式扶持国内产业发展；如日本等国家制定财税、外汇、技术引进等政策大力发展钢铁、汽车、造船等产业。这一时期的产业政策具有明显的选择性特性，优点是针对性强、效果直接，缺点是政府干预色彩浓厚、扰乱市场公平竞争。我们称其为产业政策 1.0 阶段。

随着生产力水平不断提高，工业生产能力和效率大幅提升，全球工业品种类得到极大丰富。各国之间的分工趋于细化，水平相近的国家围绕同类产品在外观、性能、品牌等方面展开差异化竞争，全球产业分工由产业间分工进入产

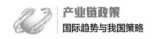

业内分工阶段。各国采用鼓励技术创新、加强人力资本投资、促进消费等产业政策提高本国产业的差异化竞争力。比如，美国于第二次世界大战后实施一系列创新促进政策、反垄断政策和中小企业支持政策等通用政策，提高美国产业国际竞争力；日本于 20 世纪 70 年代以来通过完善基础设施、加强人才教育、加大创新投入等，强调最大限度地发挥市场机制作用，引导产业结构向知识密集型高科技产业转变。这一时期的产业政策重视发挥市场机制作用，具有典型的竞争性特征，其优点是有效促进了技术创新和效率提升，弥补了选择性产业政策的缺陷，缺点是对跨行业跨地区的发展关注有限。我们称其为产业政策 2.0阶段。

21 世纪以来，随着新一轮科技革命蓬勃发展，新技术、新业态、新模式不断涌现，产业分工进一步细化，全球产业分工转向产品内分工，跨国公司基于成本最小化和收益最大化在更广阔的时空范围内布局生产活动。在这一时期，产业链整体效率和稳定性成为影响产业竞争力的关键因素，促进产业链各环节连接协同和安全高效的产业链政策成为迫切之需，我们称其为产业政策 3.0 阶段。与以往的选择性产业政策和竞争性产业政策相比，产业链政策的对象由以往的侧重局部节点转向更加关注上下游之间、产学研之间、各地区之间的协调配合，政策实施理念更加注重系统性和全局性，政策手段从一时一域的部门工具转向服务国家整体利益的宏观治理工具。可以说，产业链政策将有效弥补传统产业政策的不足，并在新形势下成为促进产业发展的有效手段。

（二）产业链政策是顺应全球产业竞争新趋势的必然选择

长期以来，各国基于全球化红利和自身比较优势，形成了相互嵌套、紧密协作的生产分工网络，促进了全球经济大发展。近年来，地缘政治摩擦、新冠疫情等公共危机事件造成产业链梗阻甚至中断，冲击了传统的"全球生产、全球销售"国际分工模式，全球产业链加速向本土化、区域化、多元化演变，产业布局逻辑由效率优先向兼顾效率与安全转变。

自新冠疫情暴发以来，全球主要国家经济活动受阻、企业停工停产，大大冲击了生产、消费、流通等环节，造成全球产业链出现梗阻甚至中断问题，严重影响了全球经济发展。联合国贸易和发展会议数据显示，2020 年全球生产总值为 85.33 万亿美元，同比下降 2.72%；全球货物贸易出口额为 17.65 万亿美元，同比下降 7.15%；全球服务贸易出口额为 4.98 万亿美元，同比下降 19.96%；全球对外直接投资流量为 0.74 万亿美元，同比下降 39.38%。

随着产业链越来越成为各国关注和竞争的焦点，发达国家纷纷从战略层面出台产业链政策，以强化本国竞争优势。我国作为全球产业链的重要参与者，必须积极顺应全球产业链竞争新趋势，以产业链政策为抓手，加强对关键环节、短板弱项的集中突破，促进产业链上下游衔接贯通，引导产业链跨区域分工协作，不断提升产业链韧性和安全水平，增强我国经济高质量发展能力和应对风险的能力。

（三）产业链政策是促进我国产业管理优化升级的现实需要

新中国成立以来，我国产业管理经历了部门管理和行业管理，当前正在向产业链管理阶段转变。各阶段因时代背景和发展任务的不同，管理模式也在不断调试和改进，对产业政策的要求也不尽相同。

第一个阶段是部门管理阶段（1949—1992 年）。这一时期，我国经济体制经历了计划经济和社会主义商品经济两个阶段，整体上表现出政府计划为主、市场调节为辅的特点，政府通过行政手段对经济发展进行了较强的管理和干预。在这种经济体制下，我国产业管理采取国家领导下的政府部门分工负责的管理模式，即按照行业设置行政管理部门，各部门在劳动力、生产资料、生产经营活动等方面对企业进行直接干预，具有较强的微观管理职能。在部门设置方面，由于各行业的性质和特点差异较大、部门所需管理事务众多等原因，政府不断增设行政部门负责具体行业的管理事务。例如，我国在 1955 年撤销燃料工业部，设立了更细分的煤炭工业部、电力工业部、石油工业部和农产品采购部[1]；在 1963

---

[1] 1955 年 7 月 30 日，中华人民共和国第一届全国人民代表大会第二次会议通过了《关于撤销燃料工业部设立煤炭工业部电力工业部石油工业部农产品采购部并修改中华人民共和国国务院组织法第二条第一款条文的决议》。

年设立了第四机械工业部①、第五机械工业部和第六机械工业部②，分别管理电子工业、兵器工业和船舶工业相关事务。在管理方式方面，部门主要采取了指令性计划等行政手段，对劳动力、生产资料、生产经营活动等进行严格管理。部门将确定好的生产计划指令下达给当时的国营企业，企业严格遵照行政命令进行相应数量和质量的产品生产和销售。在这种生产模式下，政府对产业发展情况有确切、具体的要求，且部分生产资料由国家或部门进行统一分配。例如，第一个五年计划预设在 1957 年钢产量达到 412 万吨、载重汽车达到 4000 辆、棉布为 16372 万匹等③，对具体产品的产量提出了明确的数额要求。在 1978 年改革开放后，虽然政府逐渐下放了生产经营、劳动力招工、产品价格等方面的管理权限，部门管理事务不断减少，给予了企业一定的自主权利，但整体而言仍是有计划的商品经济，政府对经济活动依旧具有较强的影响力。部门管理产生于我国工业基础薄弱、生产能力落后的时期，为我国产业发展起到了积极作用，通过集中有限的资源发展工业使我国逐步建立起独立完整的工业体系。但是，部门管理也存在诸多弊端，在一定程度上抑制了企业的发展活力，无法充分发挥市场竞争对企业发展的促进作用，导致企业生产效率和经济效益较低；同时各部门各管各的人、财、物，彼此之间缺乏联系，产业发展的协同性不足。

第二个阶段是行业管理阶段（1993—2017 年）。1992 年中国共产党第十四次全国代表大会确定了我国经济体制改革的目标是建立社会主义市场经济体制④；1993 年党的十四届三中全会通过了《中共中央关于建立社会主义市场经济体制若干问题的决定》，提出要使市场在国家宏观调控下对资源配置起基础性作

---

① 1963 年 5 月 25 日，第二届全国人民代表大会常务委员会第九十七次会议通过了关于设立第四机械工业部的决议。

② 1963 年 9 月 28 日，第二届全国人民代表大会常务委员会第一百零二次会议通过了关于设立第五机械工业部和第六机械工业部的决议。

③ 1955 年 7 月，国务院副总理兼国家计划委员会主任李富春在第一届全国人民代表大会第二次会议上进行了关于发展国民经济的第一个五年计划的报告。

④ 1992 年 10 月 12 日，江泽民在中国共产党第十四次全国代表大会上的报告《加快改革开放和现代化建设步伐，夺取有中国特色社会主义事业的更大胜利》。

用，转变政府管理经济的职能，建立以间接手段为主的完善的宏观调控体系等内容。自此，我国逐步建立起了社会主义市场经济体制，并不断对其进行完善。我国产业管理也相应强化了市场对资源配置的作用，减少了政府对微观经济活动的直接干预，推动政企分开，逐渐从部门管理转变为行业管理。行业管理是管理部门从行业发展需求出发，对整个行业的经济活动进行统筹规划的管理模式。在部门设置方面，将具有同类属性的经济活动进行统一管理，生产经营等微观经济活动由企业自行决策，政府不断精简管理部门数量，推行大部门体制，有效解决了各部门职能交叉、多头管理等问题。例如，2008 年《国务院机构改革方案》提出组建工业和信息化部，由其承担国家发展改革委的工业管理有关职责、国防科学技术工业委员会核电管理以外的职责、信息产业部和国务院信息化工作办公室的职责，并不再保留国防科学技术工业委员会、信息产业部和国务院信息化工作办公室。在管理方式方面，政府减少了直接行政干预举措，转而增加使用规划、法规等市场化法治化措施。管理部门主要通过管政策、管战略、管规划、管标准等方式对行业发展进行规范和引导。行业管理减少了政府的微观管理事务，生产经营等微观经济活动由企业自行决策，使政府和企业的职责边界进一步明晰，激发了企业发展活力，为我国经济快速发展起到了积极作用。

第三个阶段是产业链管理阶段（2018 年至今）。近年来，随着国际上大国战略博弈的加剧，产业链安全和协同发展的重要性日益凸显。加之新一轮科技革命和产业变革带来的技术突破和业态创新使学科、产业等边界逐步模糊，产业发展越发表现出跨行业、跨部门、跨区域的特征。传统行业管理模式逐渐难以适应产业链发展需求，产业管理模式逐渐向产业链管理转变。产业链管理与行业管理的共同点都是充分发挥市场在资源配置中的决定性作用，同时更好地发挥政府的作用。不同点在于，产业链管理一方面需要打通各部门、各地区各管一摊的横向切块模式，另一方面需要贯通上下游之间，以及生产、流通、消费等各环节之间的梗阻，形成循环畅通的发展模式。例如，智能网联汽车已

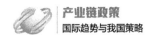

经不仅仅是一台装备，更像是一部大型移动智能终端，其产业链不仅涉及汽车制造，还包括芯片、软件、大数据、云计算等相关产业，并涉及交通、金融、保险、能源、维修服务等多个领域，在空间上也往往覆盖多个跨行政区，甚至跨国别的地理区域。在此趋势下，以产业链政策为核心的产业链管理模式呼之欲出。

第二章 │ Chapter 2

发达经济体关于产业链政策的新动向

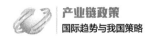

为应对全球产业链竞争新趋势，美国、欧盟、日本等发达国家纷纷出台产业链政策，通过开展产业链安全评估、增强产业链核心环节控制力、构建或参与产业链联盟以及推动产业链多元化布局等多种方式，巩固本国在国际产业链中的竞争优势。本章将重点研究上述发达经济体产业链政策的内容、目标和具体举措，以期总结规律、为我所用。由于西方国家更多使用"供应链"（Supply Chain）的概念，本章遵循各国政策原意，部分内容以"供应链"进行阐释。

一、美国：构建由美国主导的全球供应链体系

2012 年，时任美国总统奥巴马在《全球供应链安全国家战略》中提出供应链弹性概念，自此，供应链成为美国产业政策的重要内容。2017 年，特朗普政府发布的《国家安全战略》报告中多次提到供应链完整性、供应链弹性等议题。拜登执政以来，中美博弈再升温，拜登政府在维护供应链安全、增加供应链弹性方面实施了一系列产业政策，主要特点如下。

（一）摸底：加强对关键供应链安全评估

2021 年 2 月，美国总统拜登签署第 14017 号行政令"美国供应链"，要求政府各部门在百日内对国内关键供应链进行全面审查，以识别风险、弥补漏洞，并制定相应的战略。审查的重点为半导体制造和先进封装、大容量电池、关键矿物和材料、药品和活性药物成分四大领域。在具体做法方面，召集了包括十余个部门和机构的特别工作组，并与数百个利益相关方进行磋商，征求相关行业专家的意见，深入分析各产品供应链的现存和潜在风险，并从提高创新能力、加大政府购买力度、改进贸易规则和加强国际合作等方面提出全面加强美国供应链弹性的措施建议。研究结果最终呈现于白宫在 2021 年 6 月发布的《建立弹性供应链，振兴美国制造业，促进基础广泛增长：第 14017 号行政命令下的百日审查》（也被称为"百日审查报告"）中。需要强调的是，基于该报告，美国组建了供应链中断特别工作组（SCDTF）作为机构间高效合作机制，强化机构之间的数据和信息共享，统筹协调产业链相关工作。

此后，美国的供应链审查进一步扩展至信息和通信技术、能源、交通运输、生物、农产品和食品等更多行业和部门。2022 年 2 月，美国能源部（DOE）发布《核能供应链深入评估报告》。同月，美国商务部（DOC）和美国国土安全部（DHS）发布《美国信息和通信技术产业的关键供应链评估报告》。2022 年 5 月，美国防备和响应助理部长办公室（ASPR）发布《基本药品供应链韧性评估报告》。这些报告通过对各产业链的系统梳理，明确短板弱项，并提出针对性强化措施，为美国供应链工作奠定了坚实基础。

（二）备份：打造产业链备份系统

美国为保障其供应链的安全与韧性，改变供应链依赖于个别国家的状态，针对不同类别的产品打造了三个层次的供应链备份系统，部分产品同时采用了多种备份方式。

第一层次，主要针对对美国社会运作至关重要的"必要产品"，如钢铁、药品、芯片等，要求供应链尽可能实现"本国制造"，创建和维持安全且有弹性的国内供应链。在具体措施上，一方面，通过政府采购支持相关产业发展。拜登上任后签署了"购买美国货"行政令，在政府采购中设定美国国内产品比例，以此带动本国产品需求。随后，又在 2021 年 1 月签署的"关于确保未来由美国工人在美国制造"行政令中规定建立"美国制造办公室"，推动联邦机构落实"购买美国货"法案要求。2021 年 11 月生效的《基础设施投资和就业法案》中亦规定，若在美国境内建设、改造、维护或维修基础设施使用的资金来自联邦财政援助计划，则须优先采购美国本土生产的钢铁、制成品、建筑材料等。2022 年，拜登将原有《联邦采购条例》中对美国国产比例的最低要求从 55% 提升至 60%，并规定 2029 年将提升至 75%。另一方面，美国对本土在药物、芯片制造等领域加强投资，以提升供应链自主能力。例如，2022 年 8 月正式以法律形式出台的《芯片与科学法案》确定拨款 527 亿美元资助落实"半导体激励计划"，向符合条件的企业提供财政援助和税收优惠，以带动美国半导体制造领域的投资。再如，2022 年 9 月，拜登政府签署"推进生物技术和生物制造创新以实现可持续、

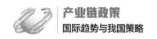
安全和有保障的美国生物经济"行政令①，并启动 20 亿美元的"国家生物经济与生物制造计划"②，以促进包括制药业在内的"美国制造"，降低对国外制造产品的依赖。

第二层次，主要针对关乎美国国家和经济安全的"战略产品"，如关键矿产、半导体等，以盟国和高度信任伙伴国为基础，打造供应链"盟友圈"，降低对中国的依赖。例如，在矿产资源方面，近年来美国政府积极打造国际关键矿产③安全联盟。2022 年 6 月，出于重视稀土和锂等矿物在电池、新能源汽车等领域以及在国防和高新技术产业中的关键作用，美国和加拿大牵头与澳大利亚、芬兰、法国、德国、日本、韩国、瑞典、英国、欧盟等经济体确立"矿产安全伙伴关系"（MSP），意图确保关键矿物的供应。还与全球除中国以外唯一一家能够分离重稀土的工厂——澳大利亚稀土加工企业莱纳斯签署 1.2 亿美元合同，在得克萨斯州建设商用重稀土分离工厂。再如，在半导体供应方面，美国主导构建了"美国半导体联盟""芯片四方联盟"等，并通过对韩国、日本的大型芯片生产企业的拉拢，促使其在美国建厂、扩产。

第三层次，主要针对具有一定替代性的"非必要产品"，如服装、家具等消费品，推动供应链"区域化"发展，以求在特定区域形成配套齐全的生产能力。这种备份方式主要是将劳动或资本密集型产品的供应转移至墨西哥以及越南、印度尼西亚等东南亚国家。据悉，2021 年，墨西哥供应商收到的美国大型公司投标数量较 2020 年增加了 514%④。此外，联合国贸易与发展会议（UNCTAD）数据显示，2018—2021 年，东盟十国向美国出口劳动和资源密集型产品的全球份额同比上升 6.32%，而中国则同比下降 3.96%。

---

① The White House. Executive Order on Advancing Biotechnology and Biomanufacturing Innovation for a Sustainable, Safe, and Secure American Bioeconomy.

② The White House. FACT SHEET: The United States Announces New Investments and Resources to Advance President Biden's National Biotechnology and Biomanufacturing Initiative.

③ 美国将"关键矿产"定义为对美国的经济发展和国防安全具有重要战略意义、供应链存在风险，但又无法被轻易替代的资源。

④ 章婕妤. 从"近岸外包"到"友岸外包"：美国在拉美打造供应链体系？. 世界知识，2022（16）：58-60.

（三）建群：构筑所谓的"民主供应链同盟"

美国以意识形态为手段干预经贸合作，打造了以美国为中心的三层级供应链"盟友圈"，并出台相关政策加强与盟友在贸易、关键领域供应链、技术等方面的"圈子"式合作。

第一层级是在特定高科技领域建立多边合作关系，构建以美国为中心的供应链联盟。这一圈层覆盖范围较小，仅涉及指定领域内发展水平较高或掌握核心技术的个别经济体。例如，2021 年 5 月，美国、欧洲、日本、韩国等地的 64 家企业宣布成立"美国半导体联盟"（SIAC），成员包括亚马逊、苹果、AT&T、谷歌等科技巨头，也包括如 AMD、高通、英伟达、格芯、IBM、三星等芯片设计和制造公司。2021 年 9 月，美国、日本、印度、澳大利亚联合声明建立安全的全球半导体供应链，又在 2022 年 5 月的"四方安全对话"（QUAD）后发表联合声明，宣布在关键技术与设施方面排除"有疑虑的供应商"。

第二层级是搭建以美国为中心的广义供应链合作关系网络，并不指定产业和技术领域，覆盖范围较广，涉及十余个经济体。例如，2021 年 10 月，美国组织印度、日本、韩国等 15 个经济体[1]召开"全球供应链弹性峰会"，并发布《全球供应链合作联合声明》。在 2022 年 7 月组织召开"2022 年供应链部长级论坛"，联合印度、欧盟等 18 个经济体[2]发布《关于全球供应链合作的联合声明》。

第三层级是构建包含供应链议题在内的区域经济框架。这一圈层的议题范围较广，供应链相关的内容被置于更大的体系之下，与其他议题相辅相成。例如，在 2022 年 5 月启动的"印太经济繁荣框架"（IPEF）中，供应链议题与贸易、清洁能源、税收和腐败等并列作为框架支柱。美国打造的三层级供应链圈子如图 2-1 所示。

---

[1] 澳大利亚、加拿大、德国、印度、印度尼西亚、日本、墨西哥、意大利、韩国、荷兰、新加坡、西班牙、英国、刚果（金）和欧盟。

[2] 澳大利亚、巴西、加拿大、哥斯达黎加、刚果（金）、欧盟、法国、德国、印度、印度尼西亚、意大利、日本、墨西哥、荷兰、韩国、新加坡、西班牙、英国。

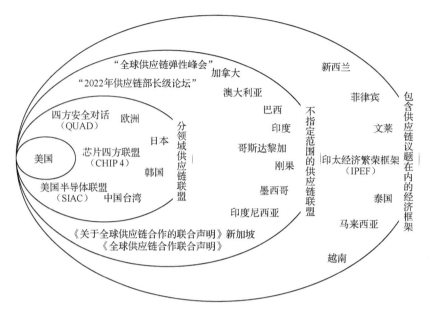

图 2-1　美国打造的三层级供应链圈子

资料来源：赛迪研究院归纳整理。

（四）遏制：阻遏战略竞争对手产业链发展

美国将中国视为战略竞争对手，主要从三个方面对我国产业链实施遏制打压，力图阻止我国先进技术产业发展，削弱我国在全球产业链体系中的地位。

第一，构建隔离我国的全球供应链"包围圈"，将我国从美国自身乃至全球主要产业链中剥离。前文提到的美国近年来一系列"建群""拉圈子"行为，其根本目的均是联合其他经济体共同打击我国产业链发展。除此之外，美国近期频频通过加大投资力度、搭建合作框架、提供关税豁免等措施利诱东盟国家"选边站队"，意图将东盟发展为其打压中国产业链的"棋子"。例如，美国在2021 年 10 月的美国-东盟峰会上宣布投资 1.02 亿美元与东盟开展合作，又在2022 年 5 月的东盟-美国特别峰会上宣布投资将会超过 1.5 亿美元。2022 年 5月，美国启动"印太经济繁荣框架"，为东盟国家绘制合作蓝图。2022 年 6 月，美国对泰国、越南、柬埔寨、马来西亚生产的太阳能电池板实行 24 个月关税豁免等。

第二，将种种单方面拟定的所谓意识形态因素纳入供应链标准，利用共同的利益关系和价值观，力推美欧主导的供应链体系，试图与中国脱钩。2022 年6 月，美国炮制《维吾尔强迫劳动预防法案》（UFLPA），捏造事实、制造谎言和假象，用"污名化"的理由切断以中国新疆地区为进口源头的产业链。

第三，利用出口管制等工具阻遏我国产业链发展。美国商务部工业和安全局（BIS）制定了被拒绝清单（Denied Person List）、实体清单（Entity List）、未经核实清单（Unverified List）和军事最终用户清单（Military End-User List），对其认为存在风险的最终用户加以管制。根据美国商务部工业和安全局的公布的信息显示，截至 2022 年 8 月 23 日，美国已将 600 多个中国实体列入"实体清单"，其中有超过 110 家实体是在拜登执政以来新被纳入的。拜登政府上台以来，中国机构被纳入"实体清单"情况如表 2-1 所示。

表 2-1 拜登政府上台以来中国机构被纳入"实体清单"情况（不完全统计）

日 期	管 制 内 容
2021 年 4 月 8 日	美商务部以"威胁美国国家安全或外交政策利益"为由，将 7 个中国超级计算实体加入实体清单
2021 年 7 月 9 日	美商务部以所谓的"人权"或与"支持中国军事现代化"有关系为由，将 22 家中国实体加入实体清单
2021 年 11 月 24 日	美商务部以"不符合美国国家安全利益或外交政策"为由，将 12 个中国实体纳入实体清单
2021 年 12 月 16 日	美商务部以"支持中国军事现代化"或"成为向伊朗供应或试图向伊朗供应美国原产物品的网络的一部分"为由，将 34 家中国实体和研究机构添加到实体名单
2022 年 2 月 7 日	美商务部将 33 家中国实体添加到未经核实名单
2022 年 8 月 23 日	美商务部以"国家安全利益或外交政策担忧"为由，将 7 家中国航空、航天及相关技术实体添加到实体清单

资料来源：赛迪研究院根据公开资料整理。

（五）变革：主导重塑国际供应链规则秩序

美国为建立由美主导的国际供应链规则秩序，大力推动构建所谓的国际供应链伙伴关系，力图主导建立全球供应链发展原则与框架。例如，2022 年 7 月，美国主办"2022 年供应链部长级论坛"后发布《关于全球供应链合作的联合声

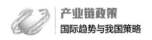
明》[①]，提出基于国际伙伴关系建立长期合作的弹性供应链，并规定了透明、多元、安全和可持续四项原则。一是透明度原则，要求通过与私营部门、民间组织利益相关方协商，推进供应链上潜在的、新出现的以及系统性风险的信息共享，并建立共同应对机制和预警系统。二是多元化原则，提出强化关键领域原材料、中间产品和制成品来源的多元性、可靠性和可持续性，带动对关键供应链的公共投资和私人投资，鼓励中小企业参与关键供应链。三是安全性原则，要求通过深化磋商来识别并解决供应依赖和关键基础设施漏洞带来的风险。四是可持续性原则，提出鼓励跨供应链的可持续、负责任的商业行为，在整个价值链上履行国际劳工公约以及多边环境协议中规定的义务，确保在新的采购或供应链中履行相关承诺。再如，2022 年 5 月，拜登在日本东京与澳大利亚、文莱、印度等 12 个国家[②]启动"印太经济繁荣框架"（IPEF），企图打破亚太地区包括供应链秩序在内的现有经济秩序，并构建由其主导掌握的、隔离竞争对手的新秩序。美国在该框架下设定了四个关键支柱：一是互联经济，即在贸易方面，提出奉行包括数据跨境流动标准和数据本地化标准等在内的数字经济高标准路径规则；二是弹性经济，即在供应链方面，提出通过建立预警系统、绘制关键矿产供应链、提高关键部门可追溯性等做法，预测和防止供应链中断；三是清洁经济，即在清洁能源和基础设施方面探索新措施；四是公平经济，即在税收和反腐败领域，提出制定和执行如交换税务信息、根据联合国标准将贿赂定为刑事犯罪等打击腐败的制度。

二、欧盟：打造服务"战略自主"目标的产业链体系

不同于美国"以我为主"的目标，欧盟为避免在中美大国博弈中选边站队，坚持"战略自主"，致力于加强自身能力建设。在产业链方面的政策也主要表现为非对抗性，以保障自我发展为主。主要具有以下特点。

---

① U.S. Department of State. Joint Statement on Cooperation on Global Supply Chains.
② 澳大利亚、文莱、印度、印度尼西亚、日本、韩国、马来西亚、新西兰、菲律宾、新加坡、泰国、越南。

（一）降低能源依赖：探索能源供应渠道多样化

俄乌冲突加剧了全球能源危机，全球能源供给大幅减少，能源价格大幅飙升。而欧洲地区的能源供应高度依赖俄罗斯。公开信息显示，2021 年，俄罗斯在全球原油和天然气出口中的份额分别达到 11.3%和 16.2%，在欧盟原油和天然气进口中的份额分别达到 27%和 35%；德国 55%的天然气进口、50%的煤炭进口和 35%的石油进口都依赖俄罗斯[1]。面临能源供给风险，欧盟加快推动能源的多样化供应，降低对单一国家的过度依赖。

一方面，欧盟及成员国积极寻找传统能源替代供应商。在欧洲理事会的授权下，欧盟委员会和欧盟成员国建立欧盟能源平台，用于自愿共同购买天然气、液化天然气和氢气，帮助欧盟聚合需求，高效透明地使用天然气进口、储存和传输基础设施，并进行国际推广。同时，欧盟推出了《欧盟外部能源战略》[2]，促进能源供应多样化，并与供应商建立氢能等绿色技术的长期合作伙伴关系。具体做法包括：增加来自美国和加拿大的液化天然气和来自挪威的管道与液化天然气供应，重启与阿尔及利亚能源对话，加强与阿塞拜疆在南部天然气走廊上的合作，与埃及和以色列等天然气供应商达成政治协议，以增加液化天然气供应，继续与卡塔尔和澳大利亚等海湾地区的主要生产国合作，与日本、中国和韩国等天然气买家协调，以及探索尼日利亚、塞内加尔和安哥拉等撒哈拉以南非洲国家的出口潜力等[3]。

另一方面，欧盟大力发展部署清洁能源。2022 年 5 月，欧盟委员会公布 REPower EU 计划，提议将 2030 年可再生能源在欧盟能源结构中的占比由 40%提高至 45%。其中，光伏产业是重中之重，预计到 2025 年太阳能光伏并网数量将达到 320 吉瓦，比 2020 年翻一番，到 2030 年并网数量将进一步达到 600 吉瓦。欧盟委员会正在筹集 3000 亿欧元的资金，其中 95%将用于加快和扩大清洁能源转型。

---

① 聂新伟，卢伟. 俄乌冲突对全球能源格局影响及我国的应对建议. 能源，2022（5）：63-65.

② European Commission. Strategy for an EU external energy engagement.

③ European Commission. REPower the EU by engaging with energy partners in a changing world.

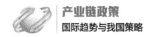

（二）强化技术主权：提升关键产业链自主保障能力

面对日趋激烈的全球科技和产业竞争，欧盟在产业战略中着重强调提高自身在原材料、电池等低碳工业、制药、氢能、半导体、云计算等重点领域的能力，希望占据全球领先地位。

以芯片产业为例。欧洲在全球半导体芯片市场的份额仅为 10%，且制造能力有限，主要集中在 22 纳米及以上的成熟生产节点上。鉴于当前芯片产业激烈的国际竞争局势，欧盟积极出台政策，力图加强在全球半导体领域的领导地位。例如，2020 年 12 月，欧盟 17 个成员国签署《欧洲处理器和半导体科技计划联合声明》，宣布向半导体产业投入 1450 亿欧元。2022 年 2 月，欧盟委员会《芯片法案》提出，为加强欧洲半导体研究和技术领导地位，建立在先进、节能、安全芯片方面的设计、制造和包装等的创新能力，以期解决技能严重短缺问题，到 2030 年实现市场翻一番、产量翻两番的目标，全面强化本地半导体供应链安全。该法案计划到 2030 年投入 430 亿欧元资金，用于支持芯片生产、试点项目和初创企业。根据《芯片法案》，英特尔在德国马格堡建设 Silicon Junction 晶圆制造基地将获得 68 亿欧元的资金支持，用于生产英特尔 20A 及更先进制程芯片，补贴金额相当于建设总成本的 40%。

（三）提高产业韧性：引领构建数字化、绿色化产业链体系

随着新一轮科技革命和产业变革的深入发展，产业链竞争已与数字领域的竞争密不可分。同时，日益严峻的全球气候问题和能源危机对欧盟发展带来新的挑战。在上述背景下，欧盟愈发重视加速数字化和绿色化"双重转型"，以推动经济复苏和竞争力换挡升级。

在引领产业链数字化转型方面，2013 年，德国在《保障德国制造业的未来：德国工业 4.0 战略实施建议》中提出"工业 4.0"战略，要求通过发展智能工厂、智能生产、智能物流等推动产业链的数字化转型，掀起欧洲乃至全球数字化发展浪潮。随后，欧盟在"战略自主"框架下提出了"数字主权"的概念，主要通过三方面措施，提升数字化发展能力并保护产业链安全。一是持续加大资金

投入力度，促进欧盟数字技术发展。2021 年 6 月，欧盟委员会通过"地平线欧洲计划"（Horizon Europe）①，加大在物联网、云计算、人工智能、5G、高性能计算等核心数字技术领域的资金投入，为欧盟数字经济各发展阶段相关重要技术提供支持，以减少对外国技术的依赖，确保欧洲科技创新的领先地位。与过去历次研发框架计划（Framework Programmes，FP）相比，"地平线欧洲计划"是迄今为止欧盟在研发创新领域规模最大的公共支持计划，预计在 2021—2027年划拨 955 亿欧元。二是以具有优势的制造业为重点，支持欧盟传统制造业的数字化转型。如在 2021 年出台的《2030 数字化指南：实现数字十年的欧洲路径》中提出，到 2030 年，75% 的欧盟企业应使用云计算服务、大数据和人工智能，90% 以上的中小企业应至少达到基本的数字化水平。三是针对光纤网络、5G 网络等基础设施落后等问题，不断强化欧盟数字化基础设施建设。2020 年的《欧洲数据战略》②提出，要提升欧盟的数据存储、处理、互操作能力和基础设施，在共同数据空间和云基础设施等领域投入 40 亿～60 亿欧元。2021 年欧盟委员会发布《从"数字欧洲计划"中投资约 20 亿欧元以推进数字化转型》③报告，提出为方便企业访问数据和使用人工智能，将通过数字欧洲计划建设安全、可持续的数字基础设施，包含部署从云到边缘的基础设施、安全的量子通信基础设施等。欧盟历代研发框架计划投入规模如图 2-2 所示。

在主导构建全球绿色产业链体系方面，自 2003 年英国率先提出低碳经济以来，欧盟各国大力推动经济低碳转型，构建了一套体系化的绿色转型模式。随后，2021 年通过的《欧洲气候法》设定了到 2030 年温室气体排放量要比 1990年下降至少 55%，到 2050 年实现净零排放的目标。在此目标要求下，2021 年 7月，欧盟公布了"Fit for 55"④一揽子计划提案，欧洲议会又于 2022 年 6 月对其

---

① European Commission. Horizon Europe Work Programme 2021-2022. Digital, Industry and Space.

② European Commission. A European Strategy for Data.

③ European Commission. Commission to invest nearly €2 billion from the Digital Europe Programme to advance on the digital transition.

④ "Fit for 55" 包含努力共享监管、土地利用和林业、替代燃料基础设施、碳边界调整机制 CBAM、社会气候基金、确保可持续航空运输公平竞争环境的法规以及关于在海上运输中使用可再生和低碳燃料的法规、汽车和火车的二氧化碳排放标准、能源税、可再生能源、能源效率等内容。

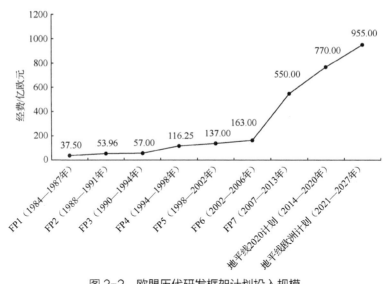

图2-2 欧盟历代研发框架计划投入规模

数据来源：欧洲议会。

部分计划进行了修正，全面推进重点领域产业链的绿色化转型，覆盖能源、材料、技术、产品、运输等要素和环节，以期打造绿色低碳的生产体系、流通体系和消费体系。具体举措包括两个方面：一方面，建立碳排放交易体系，推动产业链上碳排放密集型行业和环节降碳减排。碳排放交易体系（EU ETS）采用"总量管制和交易"规则，设定温室气体排放总量限制，同时买卖碳排放行政许可。在 2022 年 6 月最新的规定下，EU ETS 已覆盖发电和供热行业、能源密集型工业部门、商业航空和海洋运输行业，并为建筑和道路运输设立单独的交易体系，要求上述覆盖行业到 2030 年减排 61%。碳排放交易体系涵盖的实体每年都必须购买与温室气体排放量相对应的配额，配额数量设有逐年减少的上限，且面临"碳泄漏"①的部门可享有免费配额以保障其竞争力。另一方面，欧盟通过碳边境调节机制，推动全球产业链低碳转型。2021 年 7 月，欧盟委员会公布了碳边境调节机制（CBAM），提出面向进口自碳排放限制宽松国家和地区的水泥、铝、化肥、钢铁等产品征税。2022 年 6 月，欧洲议会表决通过了碳边境调节机制法案的修正案，提出将碳边境调节机制的征收范围进一步扩大，纳入有

---

① 碳泄漏（Carbon Leakage），是指一个地区采用较严格的气候政策减少碳排放量，而导致另一个地区的温室气体排放量增加的情况。

机化学品、塑料、氢和氨等行业，并提出 2032 年之前扩展到欧盟碳市场覆盖的所有行业。碳边境调节机制的作用机理如图 2-3 所示。

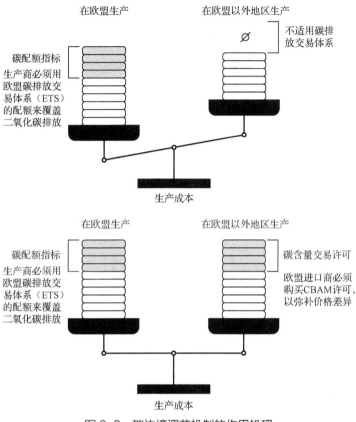

图 2-3　碳边境调节机制的作用机理

资料来源：欧洲理事会。

（四）强化立法保障：以法律形式框定产业链企业行为准则

欧盟层面和成员国层面都很重视供应链立法工作，出台各自的"供应链法案"，保障产业链政策效力。典型政策如德国议会在 2021 年通过的《企业供应链尽职调查法》（以下简称"德国供应链法"），以立法形式强制企业在从原材料开采到交付产品的整个供应链上履行尽职调查义务。具体调查内容包括使用童工和强迫劳动在内的 12 种人权风险以及违反《关于汞的水俣公约》《关于持久性有机污染物的斯德哥尔摩公约》等 8 种环境相关风险。"德国供应链法"规定，

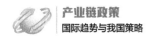
自 2023 年起，先面向在德国雇用员工人数超过 3000 名的公司，再从 2024 年起扩大范围至拥有 1000 名以上员工的公司。未履行法律义务的企业将被处以罚款，金额或高达 800 万欧元，对年销售额超过 4 亿欧元的公司，罚款可高达其全球年销售额的 2%。此后不久，欧盟委员会在 2022 年 2 月推出《关于企业可持续尽职调查指令的立法提案》（以下简称"欧盟供应链法"），提出处于供应链上游的西方企业应承担改善生产环境的社会责任，要求企业识别、预防、停止供应链中对人权、环境、气候等方面的不利影响，涵盖实际和潜在的雇用童工、强迫劳动、破坏环境、破坏生物多样性等问题[①]。

三、日本：构建"外韧内强"的产业链体系

日本一直注重构建国内和国外互补互促的产业链体系。近年来，面对此起彼伏的地缘政治摩擦影响和新冠疫情冲击，日本政府愈发重视经济安全意识，以增强竞争性为目标重构产业链体系，推动产业链向"自主化+多元化"方向发展。

（一）深耕细分领域：占据先进领域关键环节领先地位

日本企业历来重视对制造业关键、细分领域的钻研，通过提前研发布局和科技成果产业化，在多个细分行业形成了垄断态势。以半导体产业为例，日本在硅晶圆、合成半导体晶圆、光罩、光刻胶、药业、靶材料、保护涂膜、引线架、陶瓷板、塑料板、焊线、封装材料等重要半导体材料方面均占有全球 50% 及以上的份额，牢牢占据世界绝对领先地位。

早在 20 世纪 80 年代，日本便将新材料基础研究作为其高技术规划的重要组成部分，并在日本科学技术振兴调整费用中专门设立材料科技领域的科研经费，为日本半导体材料研发打下坚实的基础。此后，日本设立国立物质材料研究所（NIMS），进行材料科学的基础研究与开发。此外，相关企业之间形成合作，如新材料企业 KUREHA、KURARAY 和伊藤忠商事与身为官企投资基金的

---

① European Commission. Proposal for a Directive on Corporate Sustainability Due Diligence.

产业革新机构形成日企合作联盟，共同研发高端新材料产品。[①]在"集团化作战"模式下，日本逐渐在许多关键半导体材料方面实现全球领先，各国在下游芯片制造环节中的硅片、电子特种气体、光掩膜、光刻胶配套化学品、抛光材料、光刻胶、湿电子化学品、溅射靶材、封装材料等多种关键半导体材料的需求都高度依赖日本企业。2019 年 7 月，日本宣布限制向韩国出口氟聚酰亚胺、光刻胶和高纯度氟化氢三种半导体材料，迅速遏制住韩国半导体制造进程。

近年来，日本为巩固和提升自身在半导体产业链上的优势，持续加强对半导体的政策支持。2021 年 6 月，日本出台《经济财政运营与改革基本方针 2021》，将资金集中投向半导体等战略性产品，推动生产体系重塑[②]。同月，日本经济产业省宣布《半导体数字产业战略》，提出将推动半导体生产和供给能力作为"国家项目"，支持在日本建立制造基地，并投入 2000 亿日元的国内芯片制造基金，促进数字产业基础设施生态系统的发展。2021 年 11 月，日本在第四次半导体与数字产业战略研讨会上提出半导体产业"三步走"的实施方案：第一步是吸引半导体代工厂在日本建厂，建设、改造、加强半导体生产基地；第二步是推动与以美国为主的"志同道合"的国家海外代工厂合作研发下一代半导体技术；第三步是开发未来能够改变规则的全球领先的新技术。2022 年 3 月，日本实施"半导体援助法"，筹措 6000 亿日元支持本土半导体产业链发展，为符合条件的新建先进半导体工厂提供上限为设备投资额 50% 的资金补助。2022 年 5 月，日本参议院通过《经济安全保障推进法》，设立了四项制度。其中，在"确保特定重要物资稳定供给的制度中"，指定半导体、重要矿产、蓄电池和医药品为"特定重要物资"，并给予获得认定的民间经营者补助金和指定金融机构贷款。

（二）加强分工协作：采用"下请制"和"母-子工厂制"促进核心企业与外围配套企业分工协作

日本是一个大企业和企业集团占主导地位的国家，这些企业除了采用国际上惯用的企业兼并手段实现扩大生产，还通过加强与中小企业协作生产、与国

---

① 中华人民共和国商务部网站转载日本经济新闻"日本高端新材料产业将迎来新的发展模式"。

② 刘湘丽. 增强供应链韧性：日本政策的出台与走向. 现代日本经济，2021（6）：1-14.

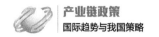

外工厂联动等方式来提高生产组织效率。

一方面，日本大企业与中小企业长期实施下请制（又称分包制）垂直分工模式。该模式下，企业之间呈"发包商——一级分包商——二级分包商——三级分包商"等多层分包结构，这种结构既有助于大企业集中资源，又能够促使中小企业获取稳定的订单并快速汲取大企业的技术和管理等创新成果。[1]以汽车工业为例，日本的整车厂商和零部件厂商组成了金字塔式的多层垂直分工体系，在很大程度上保障了日本汽车在国际上的竞争力。位于金字塔形组织顶端的是整车厂商；第二层是一级零部件承包加工企业，负责为整车厂商直接提供半成品零部件或进行机械加工、冲压成型等，部分企业由顶端的整车厂家投资持股；第三层为二级零部件承包加工企业，专门为一级零部件厂家进行冲压、电镀、切削、铸造、特殊零部件加工等，多为中小企业；第四层为三级承包加工企业，负责为二级承包加工企业服务。在这种分工协作模式下，各级零部件承包加工企业能够获得稳定的订货、技术指导、信用担保等要素保障，而顶层的整车厂商也能够较为快速、稳定地获得高质量的零部件供应。日本汽车行业"下请制"如图 2-4 所示。

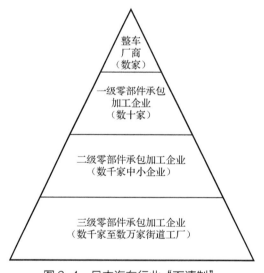

图 2-4　日本汽车行业"下请制"

资料来源：赛迪研究院归纳整理。

---

① 张建华，欧志明. 企业网络组织的比较与启示. 科技进步与对策，2003（20）：29-31.

另一方面，日本不断加强关键产业链国内"母工厂"和国外"子工厂"的分工协作。"母工厂"是日本制造企业在本土建设的、拥有最高技术和管理水平的工厂，并为其他工厂提供技术、管理等方面的支持[①]。"母工厂"负责主导技术和产品的研发以及经营管理模式探索，并将成熟和规范化的技术和工艺、优质人才以及先进管理模式等输送给"子工厂"。日本为掌握产业链关键环节的优势，将关键部件以及高附加值产品交由本土"母工厂"生产，而国外"子工厂"生产的零部件和半成品运回国内"母工厂"进行最终组装[②]。此外，根据不同的市场需求，也有很多企业选择将变更频繁的产品放在"母工厂"进行小批量生产，将变更较少的产品交由海外"子工厂"进行大批量生产。在该模式下，日本将研发等核心环节留在了日本本土，同时又充分利用全球资源实现了生产的全球化布局。

（三）推动"中国+1"布局：鼓励日企将生产线从中国迁至东盟和日本本土

近期备受关注的"中国+1"一词最早出现在日本，迄今已有近20年的历史。20世纪80年代以来，尤其是中国加入WTO后，中日两国关系缓和，且中国劳动力成本低廉等优势吸引大量日本企业将工厂迁到中国，并扩大对华投资。但在21世纪初期，日本掀起所谓的"中国风险论"风潮[③]，日本企业采取将部分工厂和业务迁离中国的策略，日本政府则以形势分析和呼吁建议等形式发挥间接作用。2018年以来，"中国+1"从日本企业策略演化成日本政府决策，日本政府通过补贴企业发挥直接主导作用。整体来看，日本"中国+1"策略大致经历了三个阶段。

第一阶段发生于2003年前后，中国遭受"非典"疫情冲击且民众爆发了一系列反日行动，日本企业为应对和规避所谓的"中国风险"而自发产生了在中国以外的地区备份部分业务的理念和行动。[④]在此过程中，日本政府在企业身后推波助澜。如日本经济产业省多次在通商白皮书、制造业白皮书等报告中渲染中

---

① 念沛豪，李杨，乔标. 日本"母工厂"建设实践对我国的启示. 中国工业评论，2017（8）：109-111.
② 贺俊，刘湘丽. 日本依托"母工厂"发展先进制造的实践及启示. 中国党政干部论坛，2013（10）：27-30.
③ 刘光友. 日本企业的"中国+1"海外直接投资战略探析. 现代日本经济，2016（6）：27-40.
④ 沈海涛. 外交漂流：日本东亚战略转型. 北京：社会科学文献出版社，2015.

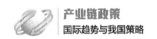

国经济存在巨大风险，提醒日本企业保持冷静，呼吁日本制造业兼顾中国和东南亚国家，避免仅集中于中国。在此背景下，越南成为日企首选目的地。如当时优衣库（UNIQLO）提出到 2009 年将把在中国的生产比例从 90%降至 60%，将在越南和柬埔寨等东南亚国家的生产比例提高至不低于 30%[①]；日本飞机零部件制造商 Nikkiso 开始在越南开展业务；净水设备制造商 Takagi Co 直接迁往越南；等等。

第二阶段起始于 2010 年，"钓鱼岛"争端使日本对其所谓的"中国风险"的担忧加深，"中国+1"策略从兼顾"中国"和"+1"发展为强调"搬离中国"。一方面，日本对东盟地区的投资骤升，日本贸易振兴机构（JETRO）数据显示，2011 年，日本对东盟的直接投资为 196.45 亿美元，较 2010 年的 89.3 亿美元翻了一番，更是高于对中国投资的 126.49 亿美元，日本对中国、东盟直接投资情况如图 2-5 所示。其中，日本对泰国、新加坡、印度尼西亚、越南等东盟主要国家的投资均创历史新高。另一方面，日本企业在东盟地区筹划扩张。日本贸易振兴机构（JETRO）2014 年公布的《关于日本企业开展海外业务的问卷调查》结果显示，2011—2013 年，计划在 3 年内向东盟扩张生产和销售的日本企业从 56.3%上升至 74.8%，而计划向中国扩张的日本企业从 67.9%下降至 57%，2011—2013 年日企向中国和东盟投资意向情况如图 2-6 所示。

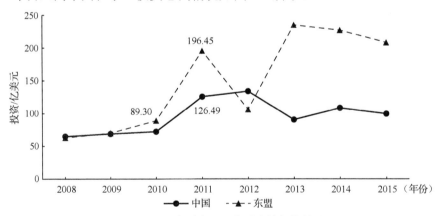

图 2-5　日本对中国、东盟直接投资情况

资料来源：日本贸易振兴机构（JETRO）。

[①] 外企新战略：中国+1. 华人世界，2008（2）：42-43

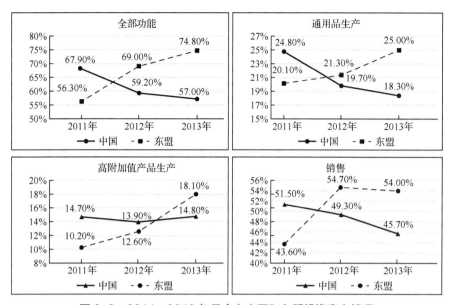

图 2-6 2011—2013 年日企向中国和东盟投资意向情况

资料来源：日本贸易振兴机构（JETRO）。

第三阶段始于 2020 年，面对中美经贸摩擦和新冠疫情冲击，日本政府强势介入，直接主导推动"中国+1"战略。

一方面，日本推出促进本国企业生产多元化的政策措施。2020 年 4 月，日本内阁发布《新冠病毒感染紧急经济对策》，其中包括一项"供应链改革"计划，提出鼓励高度依赖某一国家产品和零部件的日本企业将生产线迁至东盟等其他国家。随后经济产业省、贸易经济协力局、贸易振兴课、日本贸易振兴机构公布了"海外供应链多元化支援项目"，向相关中小企业和大企业、中小企业集团分别提供其经费 2/3、1/2、3/4 的补贴，意图推动企业向东盟国家转移。在此政策下，许多日本企业对供应链安全开展评估，推动多元化布局，以期减少过度集中依赖。根据日本贸易振兴机构数据统计，截至 2022 年 6 月 7 日，日本已进行了 5 次企业多元化布局公开招募，共有 146 家企业通过并获得补贴。从目的地来看，主要分布在越南、泰国和印度尼西亚等地。日本"海外供应链多元化支援"补贴政策实施情况如表 2-2 所示。

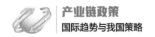

表2-2　日本"海外供应链多元化支援"补贴政策实施情况

批次	补贴比例	补贴金额/日元	被补贴企业分布情况
第一次	大公司：1/2 以内 小企业：2/3 以内 中小企业群体：3/4 以内	1亿~50亿	共30个项目： 越南（14）、泰国（5.5）、马来西亚（4）、菲律宾（3）、印度尼西亚（1）、老挝（1.5）、缅甸（1）
第二次	大公司：1/2 以内 小企业：2/3 以内 中小企业群体：3/4 以内	示范项目：1000万~2亿 项目可行性研究：100万~5000万	共21个项目： 越南（6）、泰国（5.75）、马来西亚（1.75）、印度尼西亚（3.5）、老挝（0.25）、柬埔寨（1.25）、新加坡（0.5）、印度（2）
第三次	大公司：1/2 以内 小企业：2/3 以内 中小企业群体：3/4 以内	1亿~5亿	共30个项目： 越南（14.33）、泰国（5.33）、马来西亚（1.33）、菲律宾（3.33）、印度尼西亚（3.83）、缅甸（1.5）、柬埔寨（0.33）
第四次	大公司：5 亿日元以下的部分：1/2 以内；5亿~15亿日元部分：1/3 以内；超过15亿日元的部分：1/4 以内 中小企业：5亿日元以下的部分：2/3 以内；5亿~15亿日元部分：1/2 以内；超过15亿日元的部分：1/4 以内	1亿~5亿	共11个项目： 越南（1.5）、泰国（2.5）、马来西亚（3）、菲律宾（2）、印度尼西亚（2）
第五次	大公司：1/2 以内 小企业：2/3 以内 中小企业群体：3/4 以内	1亿~5亿	共11个项目 越南（2）、泰国（3）、马来西亚（3）、印度尼西亚（3）

注：如果一个项目分布在 N 个国家的，则每个国家算 $1/N$。

资料来源：日本经济产业省。

　　另一方面，推动部分生产线移回日本也是"中国+1"战略的重要内容之一。具体来看，日本提出了四项补贴计划。一是针对生产基地高度集中以及由于供应链中断致使面临高风险的重要产品和零部件，政府将对中小企业提供迁回支出费用 2/3 的补贴，对大型企业提供 1/2 经费的补贴。二是针对在人民健康生活中发挥重要作用却供需紧张的传染病应对以及医疗保障产品，包括酒精消毒剂、防护服、呼吸机、人工肺等，对在国内建设生产基地的中小企业补贴费用的 3/4，大企业补贴费用的 2/3；针对高度对外依赖的原料药，补贴费用的 1/2。三是针对中小企业集团的专项补贴。四是在 2022 年乌克兰危机下新增的情况，针对受乌克兰局势影响的原材料企业，补贴其在日本开发生产基地。根据上述"供应链改革"计划，2020 年 5 月，日本经济产业省设立国内投资促进基金，面向与半导体、下一代汽车、机器人零件、无人机零件、电动汽车、海上风力发电、飞机、高效燃气轮机、固定式蓄电池相关的生产高度集中于特定国家的产品，以及医疗设备、医用物资等对国民健康生活极为重要的产品，提供超过 3000 亿日元的预算，帮助相关企业提升生产能力，降低进口依赖以防止供应中断。在日本支持产业链回流的政策刺激下，部分在华日企已经有所响应。根据日本经济产业省数据统计，截至 2022 年 7 月 1 日，已分三批公开招募申请企业，共有 439 家企业通过申请获取补贴。

（四）构筑国际联盟：建立产业链国际合作网络

为预防供应链潜在的中断风险，日本除参与美国主导的供应链联盟外，还寻求供应链国际合作伙伴。2020 年，日本与东盟共同发布"应对新冠疫情的经济韧性倡议"，并出台"日本东盟经济韧性行动计划"，重点为助力增强日本-东盟供应链弹性的企业提供补贴。该计划提出一系列供应链合作措施，包括避免与 WTO 不一致的非必要、非关税壁垒造成潜在供应链中断问题；促进贸易便利化和电子商务，以改善供应链连通性；增加工业和学术界专家的项目参与来加强以东盟为中心的供应链弹性；制定合作框架以应对供应链紧急情况；促进药品、医疗保健产品等基本物资的顺畅分配，以支持供应链可行性与完整性等内容。2021 年 4 月，日本、澳大利亚和印度的经济部长共同发布"供应链强化倡议"（SCRI）联合声明，提出通过加强数字化进程来推动贸易发展，以改善商业环境，促进供需匹配等方式激励投资，对落实生产基地多元化目标的设备投资予以支持。同期，日本与美国、欧盟等国家和地区共同发布"巩固供应链安全的联合声明"，计划围绕供应链重组与韧性议题展开合作，鼓动在布局供应链时尽可能考虑理念相似的经济体，降低供应链受到不稳定因素影响的可能性。

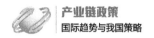

四、发达国家产业链政策对我国的启示

（一）产业链政策已成为发达国家引导产业发展、保持产业竞争优势的共同选择

通过研究美国、欧盟和日本的实践经验可以发现，面对当今世界纷繁复杂的发展形势，发达国家认为仅仅依靠市场手段已越来越难以应对产业发展困境，纷纷从产业链、供应链视角密集出台产业链政策，意图维护本国产业竞争优势、占领主动权。这些政策密集度之高、力度之大都属罕见。我国不仅面临全球产业链、供应链重构的共同问题，还面临美西方打压遏制的挑战，保障产业链安全与稳定的要求更为迫切。我们要积极创新工作思路，加快建立完善产业链政策体系，以系统性思维促进产业链发展，在激烈的国际竞争中维护我国权益、塑造竞争优势。

（二）推动产业链上下游衔接畅通、产学研协同联动、大中小企业融通合作是发达国家产业链政策的重要内容

产业链是涉及一国内部经济运行和国与国之间经济往来的复杂体系，每一个环节"掉链子"都有可能牵一发而动全身。发达国家的政策普遍以产业链整体作为发展对象，综合考量产业链各环节和各主体之间的衔接互动关系，进行系统性布局。如美欧纷纷加强对产业链核心技术的支持、生产制造环节的扩张以及基础设施建设等，力求补齐产业链缺项。日本积极推动基础研究、技术攻关、成果转化相结合，核心企业和配套企业相结合，以保障资源高效配置和供需稳定对接。我国产业链政策也要从全链条视角出发，注重关键节点查缺补漏，加强不同环节贯通衔接，真正实现串点成链发展。

（三）发达国家产业链政策的作用点涵盖风险评估、技术创新、资源保障、产业协作、规则调整等多个方面

通过分析发达国家产业链政策的主要着力点，可将其概括为以下几个角度。一是建立关键产业链安全评估体系，及时预警潜在风险；二是强化产业链技术创新能力，占领关键核心环节有利地位；三是保障产业链资源要素供应，降低

单一来源风险；四是夯实产业链基础设施，保障各环节运行衔接畅通；五是构建区域性产业链联盟，打造"排他性"规则圈。我国产业链政策尚处于"摸着石头过河"的探索期，可积极借鉴上述经验，构建一套涵盖风险评估、关键资源保障、关键技术攻关、国际规则接轨等在内的体系性政策包，为各界提供指引。

（四）灵活运用多种政策工具是发达国家产业链政策的重要经验

在上述发达国家的产业链政策工具中，既包括具有极强约束力的供应链立法，也有基于市场的柔性措施，同时还有兼具政治特性的规则调整。根据我国实际，在产业链政策体系中应灵活运用多元政策组合。第一，积极推动战略性产业链政策的立法，以法律形式保障这类产业链的政策供给，发挥举国体制优势，全力增强产业自主性。第二，对于涉及绿色、可持续发展的产业链，可采用补贴、税收优惠等手段，在生产端和消费端予以积极引导。第三，对于市场竞争充分的领域，鼓励企业和协会自治，政府以提供服务为主，如搭建数据、技术、资源等交流共享平台，构建企业技术服务网络等，增强产业链各环节透明度和信息对称性。第四，在国际产业链阵营分化格局下，提升我国产业链的规则制定能力，保障我国产业链的正当权益。

第三章 | Chapter 3

我国各地关于产业链政策的典型模式

2017 年，我国国务院出台《关于积极推进供应链创新与应用的指导意见》，这是我国国家层面发布的第一个以"供应链"为主题的文件。2020 年，为应对新冠疫情对产业链的冲击，工业和信息化部出台《关于开展产业链固链行动推动产业链协同复工复产的通知》，自此，产业链工作正式纳入国家产业管理范畴。各地方根据本地产业特色，积极创新政策手段，探索出"链长制""链长+链主""多链融合""产业链跨区域协作"等高效的产业链政策模式，为我国产业链政策提供了典型样板。

一、"链长制"模式：地方政府领导挂帅，统筹推动产业链合作共治

"链长制"是由地方政府领导挂帅、聚焦重点产业链、统筹要素资源配置、协调产业链各参与主体行为、推动产业链强链补链的新型工作模式。这最早由湖南省长沙市提出。2017 年，湖南省长沙市明确了 22 条新兴产业链和优势产业链，并提出在全市省级以上园区设立产业链推进办公室，由 20 位市级领导担任"链长"，并由园区相关负责人等组成产业链推进团队，这是产业链"链长制"的最初雏形。2019 年，浙江省商务厅发布《关于开展开发区产业链"链长制"试点进一步推进开发区创新提升工作的意见》，"链长制"正式诞生。2020 年 9 月，国务院在《中国（浙江）自由贸易试验区扩展区域方案》中提出"以关键核心技术为突破口，围绕新材料、生命健康等产业，建立产业链'链长制'责任体系，提升'补链'能力"，这标志着"链长制"正式纳入国家层面。此后，"链长制"在全国各地迅速得到推广。"链长制"模式的特点主要表现为以下方面。

（一）建立地方政府领导担任"链长"的产业链高效组织体系

"链长制"的核心在于强化产业链主体责任。在该机制下，一般由地方政府相关负责人担任产业链"链长"，系统构建工作推进体系，整体谋划产业发展策略，集聚各类资源推动重点产业链协同共治。

在建立工作推进体系方面，各地往往针对特定产业链成立"链长制"工作组，形成"链长"+"副链长"+责任部门+专班的工作推进体系。例如，江西省

南昌市选取了 20 条重点产业链，明确由市委书记、市长、各领域分管副市长等 11 人担任各重点产业链"链长"，由市委秘书长、市政府副秘书长等 9 人分别担任"副链长"。其中，"链长"主要负责牵头推动重点产业链发展的相关工作，包括研究制定发展目标和工作思路，制定产业链专项扶持政策并争取国家和省级产业政策、资金、项目的支持，召开专题会议，开展专项活动，协调解决产业链发展难题等。"副链长"主要负责协助"链长"制定产业链发展思路和专项扶持政策，督促、指导、协调各重点产业链牵头部门和责任部门落实工作等。在"链长制"下，南昌市还成立了产业链"链长制"工作办公室，从综合协调、问题办理、信息宣传、督办落实四个方面成立工作组。[①]南昌市重点产业链"链长"分工安排如表 3-1 所示。

表 3-1 南昌市重点产业链"链长"分工安排

产 业 链	链 长	副 链 长	责任部门 （排名第一为牵头部门）
虚拟现实	市委书记	市委秘书长	市工业和信息化局、市科技局
5G			市工业和信息化局
汽车和新能源汽车	市长	市政协副主席	市工业和信息化局
装备制造			
新材料			
物联网	常务副市长 （分管市政府办公室、市发展改革委、市财政局、市统计局、市人社局等）	市人民政府副秘书长	市大数据局、市工业和信息化局
云计算			
现代针纺			市发展改革委、市工业和信息化局
人工智能	市委常委、高新区党工委书记	市人民政府副秘书长	市科技局、市工业和信息化局
移动智能终端			市投促局、市工业和信息化局
半导体照明			
航空	副市长 （分管市科技局、市工信局、市商务局等）	市人民政府副秘书长	市工信局、市投促局
铝型材			
信息安全	副市长 （分管市公安局、市司法局）	市政府副秘书长、城市管理局局长	市工信局、市公安局、市大数据局

[①] 南昌市人民政府，《南昌市人民政府办公室关于调整全市重点产业链链长分工安排及进一步加快产业链链长制工作推进的通知》，2021 年 7 月 26 日。

续表

产 业 链	链 长	副 链 长	责任部门 （排名第一为牵头部门）
中医药	副市长 （分管市教育局、市文广新旅局、 市体育局等）	市教育局局长	市卫健委、市市场监管局、 市工业和信息化局
医用耗材和卫生 材料			
房地产建筑	副市长 （分管市城乡建设局、市住房保 障和房产管理局等）	市人民政府副秘书长	市房管局、市建设局
绿色食品	副市长 （分管市农业农村局等）	市人民政府副秘书长	市农业农村局、市工业和信 息化局
文化和旅游	宣传部部长、副市长 （分管市文广新旅局等）	市人民政府副秘书长	市文广新旅局
商贸物流	副市长 （分管市场监督管理总局等）	市人民政府副秘书长	市商务局、市邮政管理局

资料来源：南昌市人民政府办公室。

在设计产业发展策略方面，各地通过编制发展规划、绘制产业链图谱、制定清单、配套政策等多种手段，构建完善的顶层设计体系，为产业链量身定制一整套发展方案。例如，浙江省 2019 年出台《浙江省商务厅关于开展开发区产业链"链长制"试点进一步推进开发区创新提升工作的意见》，提出实施"九个一"工作机制，即一个产业链发展规划（3～5 年）、一套产业链发展支持政策、一个产业链发展空间平台、一批产业链龙头企业培育、一个产业链共性技术支持平台、一支产业链专业招商队伍、一名产业链发展指导专员、一个产业链发展分工责任机制、一个产业链年度工作计划，对产业链进行"全生命周期"管理。浙江"链长制"的"九个一"工作机制[1]如图 3-1 所示。山东省在 2021 年印发《关于建立制造业重点产业链链长制工作推进机制的通知》，明确要求在每条产业链上形成"1 个图谱"和"N 张清单"。其中，"1 个图谱"即产业链图谱，覆盖产业链上下游关键环节；"N 张清单"包括但不限于产业链龙头骨干企业清单、主要配套企业清单、锻长板重点领域清单、补短板突破环节清单、关键产品技术攻关清单、可对接的省外头部企业清单、可对接的省内外科研机构清单、

---

[1] 梁志良. "链长制"的理论与实践. 杭州：浙江科学技术出版社，2021.

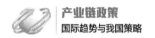

可对接的省内外社会基金清单、重点产业区域布局清单、重点项目清单等。厘清重点产业链的发展情况、主攻方向、潜在合作等信息。

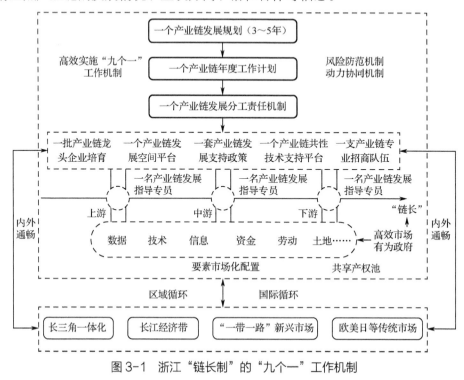

图3-1 浙江"链长制"的"九个一"工作机制

资料来源：梁志良. "链长制"的理论与实践. 杭州：浙江科学技术出版社，2021.

（二）精准制定差异化发展路径，以推进产业链补短锻长

在"链长制"机制下，地方政府遵循产业链发展的客观规律，对产业链进行系统研究，摸清产业链核心环节、产业链共性技术、产业价值链分布和制约瓶颈等，并以此为基础制定针对性强的链补链举措。

2021年10月，昆明市印发《昆明市建立产业链"链长制"的工作方案》，在"链长制"模式下，分别实施产业链"建链""壮链""补链""稳链""护链"五大工程。具体来看，在"建链"工程中，昆明市政府对应13条重点产业链组建了13支招商引资工作队，聚焦"三类500强"企业绘制出当地产业链招商地图，将投资力度、产出效益、科技含量以及产业关联度等作为项目筛选标准，确保精准、专业地实现"招大引强"。在"壮链"工程中，针对每条产业链，昆

明每年会进行链上重点企业和重大项目的梳理工作，以此为基础建立培育库，组建上下游企业共同体，并培育"链主"企业和"专精特新"中小企业。在"补链"工程中，针对梳理出的产业链短板弱项，通过打造重大创新平台、创新联合体等，推动"卡脖子"技术攻关和成果转化。在"稳链"工程中，昆明市针对每条产业链打造数个细分领域产业聚集区，并积极建设园区公共平台作为"稳链"支撑的重点抓手，如技术研发平台、信息服务平台、质量检测平台、原料供应平台、物流配送平台等。在"护链"工程中，昆明市建立了服务于产业链发展的"问题直通车、联络直通车、政策直通车"制度，引进培育产业链高端人才，并通过引导金融机构对产业链重点项目给予优惠利率贷款等方式优化产业链金融保障。[1]

（三）提供常态化"链式"服务，以保障产业链稳定运转

"链长制"工作的第三个特点，就是地方政府联合相关机构在法律服务、税务服务、用工用地等要素保障以及流通运输、产业链上下游配套等方面为企业提供常态化服务，以维持产业链日常稳定运转。

在用工保障方面，湖南省建立了产业园区用工服务保障机制，由县级以上公共就业服务机构走访园区企业，梳理归集岗位和用工需求，建立且动态更新重点企业清单，并推行人社专员"一对一"联系服务机制，为企业精准提供员工招聘、职业技能培训、疫情防控、政策宣传等服务。[2]

在法律服务方面，苏州市司法局协同市律师协会组织建立了由产业链企业、律师事务所、律协专业委员会组成的"产业链+法律服务"联盟。针对苏州市重点产业链、优势产业链各环节企业的法律服务需求，整合法律服务资源，提供专业化法律服务。如依托产业链重点企业和产业园设立律师工作站，打造产业链法律智库；开通"法治助企纾困解难"等线上平台，便于企业在线填写法律服务需求表单；常态化组织民营企业开展"法治体检"，从企业内部治理、生产经营、劳资关系、投融资等多个方面"把脉问诊"等。[3]

---

[1] 中共昆明市委政策研究室,昆明市人民政府研究室.喜迎二十大 精准延链补链强链 做大做强做优产业.
[2] 湖南省人力资源和社会保障厅.湖南:供需对接精准发力链式服务保障企业高质量发展.
[3] 江苏律协.链式服务 苏州做实链上服务护航企业发展.

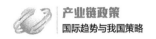

在税务服务方面，山西省税务局制定了《重点产业链"链主"企业入企服务方案》，基于数年来对大企业和大项目提供服务的经验和对省内十大重点产业链的深入研究，成立了"重点产业链'链主'企业入企服务"领导小组，以多种方式进入重点产业链"链主"企业和产业链上下游企业的生产经营一线，还在"征纳互动平台"建立"链主"企业专属群，方便与省、市"链主"企业入企服务成员对接。①

二、"链长+链主"模式：政府担当"链长"，企业担当"链主"，政企协同共筑产业链发展长效机制

产业链上除政府这一重要角色外，那些居于产业链核心地位、具有生态领导力的龙头企业往往扮演着产业链的神经中枢的角色，能够利用自身的技术、品牌、市场方面的话语权带动产业链上下游企业分工协同、抱团发展②，因此成为产业链的核心主体。政府和企业发挥各自优势，在产业链上各司其职，形成"链长＋链主"的新型模式。

（一）建立"链长+链主"互补协调的工作机制

"链长"一般由地方政府官员担任，发挥统筹产业要素资源的优势，是地方产业链的倡导者、支持者和监管者。"链主"是产业链发展过程中自发形成的，是产业链的主导者、引领者和带动者，一般由产业链龙头企业担任，其职责主要是吸引上下游配套企业集聚、构建产业生态圈、推动产业集群化发展。"链长"与"链主"反映的是政府与市场的关系，故而该模式的重点在于明确二者的职责与定位，形成"有效市场"和"有为政府"紧密结合的工作模式。

2021年广州市印发《构建"链长制"推进产业高质量发展的意见》，提出围绕智能网联与新能源汽车等21个产业，建立并全面实施以市领导为"链长"和以龙头企业为"链主"的双链式"链长制"工作推进体系。其中："链长"由总

---

① 山西省税务局推出《服务重点产业链"链主"企业若干措施》.新华网.

② 陈英武，俞晓峰.产业链"链主"企业生态主导力提升路径研究——以江苏为例.经济研究参考，2022（11）：59-68.

链长、副总链长、市级链长、市级副链长和区级链长五个层级组成。"链主"主要由龙头企业董事长或总经理、产业协会或联盟负责人、科研院所专家或有经验的园区经营者担任，扮演产业链发展引领者的重要角色。"链主"重点负责在关键领域率先建立行业标准，联合产业链上大中小企业进行关键环节的攻关，系统推动产业链发展规划和政策的执行，工程和项目的落地以及重要资源的配置等。广州市"链长"与"链主"分工配合体系如图 3-2 所示。

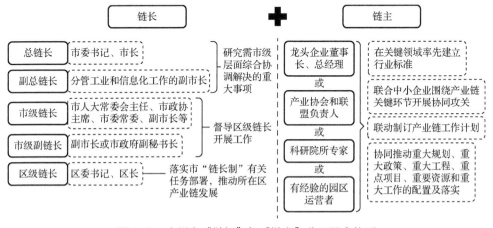

图 3-2 广州市"链长"与"链主"分工配合体系

资料来源：广州市工业和信息化局。

（二）培育具有生态主导力的"链主"企业

"链主"企业具有强大的引领能力和辐射带动作用，在各地产业链发展中发挥着"领头羊"的作用。各地方政府认识到"链主"企业的重要性，于是积极筛选潜力企业作为重点培育对象，并在政策、资源、机会等方面予以重点支持，着力打造产业链"链主"企业。

2022 年 6 月，广东省发布《战略性产业集群重点产业链"链主"企业遴选管理办法》，按照属地原则、规模实力、市场影响力、自主创新能力、持续发展能力、产业带动能力等设定相应标准。符合上述条件的企业按规定程序经过筛选并进入"链主"企业培育库后，将获得省市战略性产业集群主管部门在产业空间、工业投资、技术创新、要素保障、承担国家重大专项等方面的重点扶持。

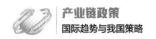

再如，2022年4月，江苏省宿迁市发布《宿迁市重点产业链链主企业培育三年行动计划（2022—2024年）》，分别制定"链主"企业和潜在"链主"企业标准，给予"链主"企业个性化政策鼓励、招商引资奖励，提供专属服务以保障用地、用工、能耗、水电气热等全要素需求，以达到鼓励"链主"企业做强、做大、做优的目的。

（三）促进"链主"企业与配套企业紧密合作

在"链长+链主"模式下，各地探索在当地产业链上打造"链主"企业带动配套企业、配套企业支撑"链主"企业、以大带小、以小托大、大中小企业融通发展的合作模式。

2022年8月，山东省十个部门单位联合推出"携手行动"，着力创建大中小企业全面融通、相互依存、相互促进的发展生态。具体措施包括实施"专精特新"企业卡位入链工程，开展"链主企业行""标杆企业行"等专项活动。即组织产业链"专精特新"企业走进"链主"企业参观学习、路演推介、洽谈对接；走进标杆企业参观、提问、接受专家点评，以实现对标提升。该方式得到国务院促进中小企业发展工作领导小组办公室的认可和推广。

2020年12月，广东省惠州市发布《惠州市推动大企业带动中小企业协同发展工作措施》，通过大中小企业协同发展促进配套供应对接，并加强协同创新。在配套供应对接方面：一方面，举办"链主"企业供应链集采会，由行业商协会公布年度"最具责任感""链主"企业名单，向有效推动当地大中小企业融通发展的"链主"企业提供总部落户、土地、人才、产业扶持等方面的政策支持。另一方面，打造"云上供需对接"平台，发布"链主"企业和其他产业链关键企业对产品和技术等方面的需求信息，吸引中小企业揭榜，并发布各类企业优质产品目录，推动大中小企业产业链配套对接。在协同创新方面，鼓励龙头企业发布研发攻关需求难题，引导龙头企业创办"产业大学"，推动中小企业公共技术服务平台建设，对于被产业链重点骨干企业纳入配套生产体系的中小企业放低技改资金项目入库门槛，等等。通过上述方法，激发龙头企业对中小企业的帮扶带动作用，助力惠州企业"大带小""大帮小"。

三、多链融合模式：构建产业链与创新链、人才链、资金链深度融合的生态体系

为解决产业发展过程中存在的科技与产业"两张皮"、人才供需失衡、金融供给错配等问题，各地积极出台政策推动产业链与创新链、人才链、资金链深度融合，以产业链为主线，以创新链为抓手，以人才链为支撑，以资金链为纽带[①]，推动产业链稳定、高效运转。

（一）促进产业链与创新链深度融合

习近平总书记多次提出"围绕产业链部署创新链，围绕创新链布局产业链"。当前，推动产业链与创新链融合发展已经成为破解产业链堵点、痛点、难点以及为产业链发展提供内生动力的重要方式。各地通过扩大研发资金规模、优化创新投入结构、激发企业创新主体活力等方式，着力增强创新链对产业链的支撑作用。

2022 年，浙江省科技厅、发展改革委、经信厅等多部门联合出台《关于推动创新链产业链融合发展的若干意见》，从强化企业创新主体地位、鼓励企业提高研发投入、集聚创新资源等方面全面部署，着力解决企业创新发展困难。其中具有代表性的举措包括：一是推行"链主企业联合出资挂榜"制度，由"链主"企业和政府共同出资，并由省、市、县三级政府联动支持，在全世界范围挂榜，从出题、选帅、验榜到应用推广皆由"链主"企业开展。鼓励龙头企业组建创新联合体，重点负责接手"卡脖子"攻关任务。二是建立科技攻关、技术标准研制和成果产业化联动机制，打通"科技研发-标准化-产业化"链条。三是支持企业上云建设虚拟实验室并将云端研发网络资源免费或以成本价向企业开放共享。支持高等院校，实验室、技术创新中心等科研机构的科研设施和仪器设备向全社会开放共享等。

---

① 聚焦产业链供应链稳定 促进多链融合 构建融通创新生态.中国经济时报，2022-06-15.

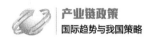

（二）推动产业链与人才链精准匹配

党的二十大报告强调，"人才是第一资源"。产业链的高质量发展离不开高素质人才的支撑。各地在实践探索中普遍意识到人才的重要性，围绕产业链需求定向引进人才、联合培养人才、建立人才激励政策和评价机制等，实现产业链与人才链的精准匹配。

2022 年云南省制定《关于人才服务现代产业发展的十条措施》，引、育、留、用多措并举引导人才服务，以及支撑云南优势产业强链、延链、补链等工作。精准引才方面，围绕重点产业链及其"链主"企业的实际发展需要，定期公布紧缺产业人才目录，制定招才引智方案，向引进的重点产业链核心技术攻关团队、科技领军人才、产业创新人才等提供经费支持，并允许企业将引进紧缺人才时支出的一次性住房补贴、安家费、科研启动费等进行企业所得税税前扣除。人才自主培养方面，支持当地高校、科研院所与企业、园区联合办学，设立稀贵金属、新能源、先进装备制造、生物医药、数字经济等重点产业和新兴产业领域专业。同时，支持职业和技工院校与重点产业链企业联合建设职业教育基地、产学研实训基地等。引导企业用才方面，如举办企业家高级研修班，提升企业家引才用才的国际视野和战略思维；引导企业设立创新岗、产业顾问、首席专家等岗位，吸引教育和科研人才到重点产业企业兼职；对引进外省"两院"院士、设立专家科研工作站等的民营企业视情况给予经费等支持。人才评价方面，赋予"链主"企业高层次人才自主认定权，认定的高层次人才纳入省级人才计划；引进的高层次人才可单独评定高级职称、高级技能等级，业绩突出的企业一线职工可按规定直接认定为高级工、技师、高级技师等。

（三）强化产业链与资金链无缝对接

资金是企业赖以生存的"血液"，任何生产营活动都离不开资金。资金贯穿于企业生产经营的全过程，并深度融入产业链的全流程，是保障产业链正常运转的"血脉"。如果资金流通不畅，将直接导致产业链阻塞甚至断裂。因此，各地针对产业链融资需求，积极创新金融服务方式，提高资金投放的精准性，为产业链"舒筋活血"。

湖北省为推动重点产业链与银行业金融机构高效对接，保障产业链上下游企业融资需求，2021年6月制定出台《湖北省重点产业链金融链长制工作方案》，形成了银行和金融机构、产业主管部门、监管部门协调对接体系。由人民银行武汉分行负责在省级金融机构中遴选金融"链长"单位，调度各金融"链长"工作进展，综合运用金融、产业、监管等政策，对金融"链长"以及产业链所在地人民银行市州中心支行反馈的重大问题给予政策支持。由省级金融机构负责人担任金融"链长"，负责组织开展企业走访调研，分析掌握其对应的产业链融资需求，制定金融服务方案和具体措施。由湖北省经信厅等产业主管部门在明确标准和科目后筛选形成覆盖全产业链各环节的、包含核心企业和小微企业在内的重点产业链企业名单，并向金融"链长"以及相关金融机构推介，组织银行和企业对接等活动。由地方金融监管部门建设中小企业信用信息平台并汇总产业链企业信用信息，解决与银行和企业信息不对称等问题。银保监部门负责指导银行业金融机构建立面向重点产业链企业的金融服务绿色通道，推动保险机构为产业链企业提供保险保障和融资增信服务。在上述分工协作机制下，针对产业链核心企业，在风险可控、商业可持续前提下，综合运用信贷、债券等工具，支持其提高融资能力和流动性管理水平；针对上下游小微企业，将符合条件者纳入全省缓解中小微企业融资难、融资贵信用培植工程，对生产经营状况良好、信用等级较高者，适度提高抵质押率，增加贷款额度，丰富贷款产品体系，开发随贷随用、随借随还等产品。

四、产业链跨区域协作模式：以产业链为纽带促进区域联动发展

在市场规律前提下，产业链布局往往覆盖多个跨越地理界限的行政区域，甚至还有一些产业链涉及多个国别。如何在促进本土产业链充分发展的同时，更好地与域外产业链有效衔接，从而实现内外贯通、联动发展，是产业链工作中亟待解决的问题。近年来，各地逐渐意识到区域间产业合作的重要性，探索形成了一些行之有效的经验。

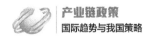
（一）加强发达地区与欠发达地区的产业链协作

习近平总书记指出："在我国社会主义制度下，既要不断解放和发展社会生产力，不断创造和积累社会财富，又要防止两极分化，切实推动人的全面发展、全体人民共同富裕取得更为明显的实质性进展。"当前，我国正在全力实施共同富裕战略，共同富裕的重要前提之一是破解区域发展不平衡、不充分的问题。产业链能够实现促进生产、带动就业和区域联动等多重目标，是实现共同富裕的有效抓手。

浙江省发布《浙江省产业链山海协作行动计划》，以建设共同富裕示范区为目标，推动山区26县充分融入全省标志性产业链生态圈，实现区域协同发展。在产业链山海协作工作专班的统筹部署下，主要从以下五个方面开展工作。第一，开展"一县一业"培育，即推动山区县明确两个以内的主导或支柱产业，利用"产业一链通"数字化平台绘制全景图和招商图。第二，开展"一业一企"培育，即通过实施"山区26县龙头企业计划"，在每条产业链上培育1～2家龙头骨干企业和若干家"专精特新"企业，并建立"放水养鱼"培育企业专题库①。第三，探索"一企一县"合作，引导省内发达地区的龙头企业与山区县企业建立"1+N"结对帮扶产业链合作，鼓励发达地区与山区县结对建设飞地小微企业园。第四，鼓励发达地区向山区推送和共享有效的投资信息，通过建立经信局长结对清单以及开展省级经信主管部门行业处室结对服务，帮助结对县招引项目。第五，推动区域间资源要素合理化配置，探索山区各县之间，尤其是地域相邻、产业同质、互补较强的地区之间实现资源的统筹优化，探索要素富裕的企业与山区县开展资源要素跨区域精准对接或置换。

（二）强化国内、国际跨境产业链合作

部分地区根据自身地理区位优势，面向重点地区和国家开展跨境产业链开

---

① 《浙江省"放水养鱼"行动计划》突出数字经济、生命健康、新材料等战略性新兴产业、未来产业，将医药、通信设备等高技术制造业和软件业以及十大标志性产业链核心环节作为重点扶持领域，遴选优质企业作为重点培育对象，从财政、税收、金融、土地等方面提出政策举措。

放合作，通过支持本土企业"走出去"、与他国合作共建跨境产业园等途径，有效拉长了产业链、扩大了产业链空间范围。

广西壮族自治区致力于对接东盟市场，与东盟之间建立双向跨境产业链长期合作机制。广西于 2020 年颁布《关于提升广西关键产业链供应链稳定性和竞争力的若干措施》，于 2021 年出台《广西壮族自治区人民政府关于以中国（广西）自由贸易试验区为引领加快构建面向东盟的跨境产业链供应链价值链的实施意见》，对推动本地与东盟国家建立跨境产业链提出了目标和要求。首先，支持当地企业建立海外原材料保供基地，主要鼓励当地企业通过收购或投资等方式在东盟国家建立原材料供应基地，与文莱等国推进化工产能合作，建立跨境矿产合作产业园，搭建矿石采购共享平台等。其次，鼓励当地企业加强国际技术和装备合作，具体包括建设科技创新国际合作平台，将国际技术和装备引入对接本地产业链，并支持机械、汽车等行业的重点企业开展对国外科技企业的并购，与国外院校和科研机构等共建研发和工程中心等。再次，支持当地企业拓展国际市场，重点鼓励对外承包工程企业与汽车、机械、制糖等特色优势产业企业"抱团出海"，"打包"装备、产品、技术、标准、服务走出国门，还支持当地企业打造面向东盟的南方汽车出口基地，建设面向欧洲市场的生产和销售基地，设立跨国生产基地等，并通过建设海外展销中心、国际配送中心、售后服务中心等方式，织起"广西产品卖全球"的网络。

五、我国各地产业链政策的启示

（一）运用链式思维加强对产业发展的系统性支持成为各地产业链政策的共同选择

传统理念下，各地方着眼于具体行业的发展，以各部门为单位开展行业管理、政策制定和企业服务等工作，具有典型的"纵向切块"特征。然而，传统管理模式的"有界性"和产业链发展的"无界性"形成一对矛盾。为适应产业链发展需求，各地逐渐由"条块式"管理思维转向"链"式思维，探索出"链长制"和"链长+链主"等多种有效模式。这些创新做法的共同特征是遵循产业

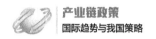

链发展规律，围绕一条产业链一揽子政策贯通到底，打破原来由行业管理部门各司其职、分段管理的模式，以系统思维架构组织、策划方案、部署工作、调度资源，显著提高了产业链管理工作的效率和效能。我们要总结、推广这些成功做法，加强管理思路转变，推动组织机制创新，运用系统性思维，不断提高产业链政策的适用性和有效性。

（二）构建"链主"企业引领、链属企业配套的企业协作体系是各地产业链政策的重要抓手

企业是产业链的核心主体。无论是坚如磐石的大企业，还是"专精特新"的中小企业，都是产业链上不可或缺的重要组成部分。对企业的引进、培育和支持政策贯穿于各地产业链政策之中。一方面，各地高度重视引进、培育"链主"企业，引导"链主"企业担当"头雁"领飞的重任，并负责与"链长"分工配合统筹产业链全局工作。另一方面，各地也重视激发"专精特新"中小企业的关键支撑作用，引导中小企业与大企业构建高效协作、融通创新的合作机制，促进产业链拉长、拓展、深耕。因此，无论任何时候，都要始终把企业发展放在产业政策的第一位，要加强对企业的问诊把脉，深入了解不同类型企业的困难诉求，精准制定配套政策，为企业发展营造宽松、便利、充满活力的市场环境，不断激发企业的活力和内生动力。

（三）打造产业链与要素链协同耦合的产业生态是各地产业链政策的重要着力点

党的二十大报告强调"推动创新链、产业链、资金链、人才链深度融合"。推动创新链、产业链、资金链、人才链深度融合，实际上是按照系统理念，将产业发展所需的人才、技术、资金等各类要素通盘配置，促进各类要素的主体——企业、政府、高校、科研院所、金融机构等协同互助，打造多主体参与、多要素支撑、整体一盘棋的产业发展生态。各地在制定产业链政策中，纷纷将人才、技术、资金作为核心要素予以重点支持，构建了完整的产业生态系统，为产业发展提供了优渥的土壤。当下，各地产业与经济的竞争越发转向产业生态的竞争，且产业生态不断从狭义的资源要素配套范畴转向涵盖文化、教育、物流、服务等广义范畴。我们要顺应这一趋势，以产业链政策为引导，加快构建高质量产业生态系统，为产业链发展提供坚实支撑。

（四）加强产业链横向错位发展、纵向分工协作是各地产业链政策的新风向

各地在产业链政策中呈现出两个突出的新趋势。一方面，许多地方都在逐渐改变过去忽视本地产业基础、要素承载力和发展空间而盲目追求"大而全""小而全"的问题，转而从地方实际出发，选择特色、优势、标志性产业链予以重点发展，进而解决地区之间低水平重复建设、同质化发展、恶性竞争等问题。另一方面，越来越多的地区改变以往局限于本地的发展思维和眼光，将产业链置于更大的空间范围内进行规划布局，构建互利共赢的产业链空间合作新模式，打破地区之间的行政藩篱，推动区域优势互补、协调发展。未来，要积极推广这一模式，在我国区域协调、共同富裕和双循环发展大战略下，以产业链为纽带，带动不同区域之间发挥优势、错位协同、互补协作、共赢发展。

第四章 | Chapter 4

产业链政策的理论探讨

以发达国家的实践和我国各地方的探索为源起，产业链政策逐渐进入大众视野，但作为一个新生概念，其理论发展尚处于萌芽阶段，对于产业链政策的内涵、外延、特征、框架未见系统性研究。本部分在前面实践研究的基础上，试图从理论角度厘清产业链政策的理论基础、概念内涵和框架体系，进而对产业链政策实践提供理论指导。

一、产业链政策的理论基础

产业链政策基于"产业链"和"产业政策"而成，其理论依据既涉及产业链相关理论，也涉及产业政策相关理论，主要包括以下四个方面。

（一）国际分工理论

产业链政策的对象是产业链，而产业链的形成是产品内分工的结果。随着生产技术、信息通信技术、贸易成本等变化，国际分工逐渐形成了产业间分工、产业内分工和产品内分工三种类型。产业间分工是在绝对优势理论、比较优势理论、要素禀赋理论等理论的指导下，不同产业部门在国际之间进行专业化生产的分工模式[①]。产业内分工是指同一产业内差异化产品在国际之间进行专业化生产的分工模式，学者们主要从规模经济、不完全竞争、差异产品等角度阐述了产业内分工的原因。产品内分工是指产品生产过程中不同生产环节在多个空间分散化展开、各主体参与不同环节的生产活动，它是国际分工进一步深化和细化的表现，影响产品内分工的因素主要包括比较优势、规模经济、交通条件、信息通信技术以及关税等[②]。

（二）市场失灵理论

市场失灵是指市场无法通过价格机制实现最优资源配置。外部性、不完全

[①] 金京，戴翔，张二震. 全球要素分工背景下的中国产业转型升级. 中国工业经济，2013（11）：57-69.

[②] 卢锋. 产品内分工.《经济学》（季刊），2004（4）：55-82.

汪洋. 新国际分工理论演进与工序分工理论的兴起——一个线索性文献述评. 产业经济研究，2011（6）：87-94.

信息、规模经济与不完全竞争、协调失灵等情况都会导致市场失灵，需要政府运用产业政策进行干预矫正。如外部性理论认为，信息、研发、人力资本等的溢出效应产生的社会收益远高于企业收益，企业在市场机制中无法得到相应的补偿，需要政府通过产业政策进行干预[1]。不完全信息理论认为，银行等金融机构无法充分获取企业信息，导致金融机构向企业提供贷款更为谨慎，企业无法获得充足资金，容易出现市场失灵现象[2]；同时，企业也因无法获取市场整体信息，导致出现投资潮涌等决策失误[3]；两种情形都需要产业政策来解决。规模经济和不完全竞争理论认为，产业政策能推动企业实现规模经济，提高其参与国际竞争的能力，使企业获取更多利润[4]。协调失灵理论认为，市场无法自发协调各主体行为使经济效益达到更优水平[5]，本质上属于市场失灵的一种表现。

（三）政府失效理论

政府失效是指政府在产业政策制定和实施过程中会造成政策目标偏离预期、成本过高、市场扭曲等负面影响，因而在产业政策运用过程中需要通过机制设计等方式规避相关问题。该理论主要针对产业政策，但考虑到产业链政策与产业政策均是政府行为，因此同样也适用于产业链政策。

政府失效主要表现在三个方面。一是政府缺乏设计有效产业政策的信息和能力，导致产业政策效用有限[6]。二是产业政策的制定和实施受政治、经济等多种因素影响，导致最终产业政策可能偏离实际，且易滋生腐败和寻租行为。三

① Ricardo Hausmann and Dani Rodrik. Economic development as self-discovery[J]. Journal of Development Economics, 2003, 72(2):603-633.

② Joseph E. Stiglitz, Markets. Market Failures and Development[J]. American Economic Review, 1989, 79(2):197-203.

③ 林毅夫. 潮涌现象与发展中国家宏观经济理论的重新构建. 经济研究，2007（1）：126-131.
林毅夫，巫和懋，邢亦青."潮涌现象"与产能过剩的形成机制. 经济研究 2010（10）：4-19.

④ 张鹏飞,徐朝阳. 干预抑或不干预？——围绕政府产业政策有效性的争论. 经济社会体制比较,2007(4): 28-35.

⑤ 周叔莲，吕铁，贺俊. 新时期我国高增长行业的产业政策分析. 中国工业经济，2008（9）：46-57.

⑥ Mikhail Klimenko. Industrial targeting, experimentation and long-run specialization[J]. Journal of Development Economics, 2004, 73(1):75-105.

是部分政府干预行为会诱发企业不当竞争，政策作用达不到预期效果。[①]

（四）合成谬误理论

合成谬误（the Fallacy of Composition）的概念最早由 Paul Samuelson 提出，是指对于局部来说正确的东西就以此推断它对整体也是正确的，这是一种谬误。这是由于适用于局部的结论是存在一定前提条件的，而这些前提条件在整体层面不一定存在，导致结论不能直接适用于整体。学者们还从个体理性与集体理性的矛盾、公共选择问题等角度分析合成谬误现象，即在社会经济或日常生活中，个体的理性选择并不一定能获得集体理性的结果，甚至常常可能出现集体非理性现象[②]。具体到产业链政策中，产业链往往涉及原料采掘、研发设计、零部件生产、加工组装、物流分销、维修服务等多个领域和主体，产业链上局部环节的发展政策放到整个产业链来看并不一定有效，所以就需要从全产业链角度对产业政策进行整体设计，以达到系统最优结果。

二、产业链政策的基本涵意

当前，理论界尚未就"产业链政策"形成统一共识。我们在综合国内外理论和实践研究的基础上，尝试提出了产业链政策的概念，并对比分析了产业链政策与现行产业政策的联系与区别。

（一）产业链政策是从产业链视角实施的产业政策

产业链政策是在产业政策和产业链的概念基础上形成的。本书第一章已经对产业政策的概念内涵进行了研究，这里不再赘述。

1. 产业链的概念

产业链的概念起源于西方古典经济学。西方学者主要从供应链、价值链的角度进行了研究。Gary Gereffi 等认为供应链存在价值增值活动的投入产出结构，

---

① 江小涓. 产业结构调整与产业政策：迈过短缺经济后的再思考. 经济研究参考, 1999（1）: 61-72.
② 赵英. 中国产业政策变动趋势实证研究（2000—2010）. 北京：经济管理出版社, 2012.
　王玉玲，程瑜. 个体理性与集体非理性：边界、均衡及规制. 财贸研究, 2015（1）: 1-8.

它始于原材料、终于最终产品。Michael E. Porter 提出价值链一词，主要描述企业层面的活动，认为企业活动可分为生产、营销、运输、产品服务等主要活动和投入品购买、技术、人力资源、基础设施等支持性活动，企业通过这些活动为购买者创造价值，购买者愿意为产品或服务支付的价格就是企业创造的最终价值，这些活动相互联系构成的网络就是企业的价值链。[1]Raphael Kaplinsky、Albert Park 等把价值链定义为将一个产品或服务从概念设想通过物理转换和各种生产性服务投入相结合的不同生产阶段后、交付给最终消费者及使用后最终处置的全部活动。[2]

国内学者主要从产业链角度进行研究。刘贵富认为："产业链是同一产业或不同产业的企业，以产品为对象，以投入产出为纽带，以价值增值为导向，以满足用户需求为目标，依据特定的逻辑联系和时空布局形成的上下关联的、动态的链式中间组织。"[3]芮明杰和刘明宇认为："产业链描述的是厂商内部和厂商之间为生产最终交易的产品或服务所经历的增加价值的活动过程，它涵盖了商品或服务在创造过程中所经历的从原材料到最终消费品的所有阶段。"[4]刘志迎和赵倩认为产业链"是基于最终产品生产需要和最终用户需求而向上下游或旁侧延伸的企业集合，是由不同产业领域企业组成的包括原材料或零部件生产与供应、产成品生产和营销及服务、全过程物流和信息流及知识（含技术）流等在内的所有活动的链式集合"。[5]刘志彪认为产业链是国民经济各产业部门间客观形成的某种技术经济联系，涵盖了原材料生产、技术研发、产品设计、中间品制造、终端产品装配、流通、消费和回收循环等产品或服务生产的全过程。[6]

① Michael E. Porter. The Competitive Advantage of Nations. New Youk: the Free Press, 1990.

② Raphael Kaplinsky. Spreading the Gains from Globalization : What Can Be Learned from Value-Chain Analysis?[J]. Problems of Economic Transition, 2004, 47(2):74-115.
Albert Park, Gaurav Nayyar and Patrick Low. Supply Chain Perspectives and Issues a Literature Review. Fung Global Institute and World Trade Organization, 2013.

③ 刘贵富. 产业链基本理论研究. 长春：吉林大学，2006.

④ 芮明杰，刘明宇. 产业链整合理论述评. 产业经济研究，2006（3）：60-66.

⑤ 刘志迎，赵倩. 产业链概念、分类及形成机理研究述评. 工业技术经济，2009（10）：51-55.

⑥ 刘志彪. 产业链现代化的产业经济学分析. 经济学家，2019（12）：5-13.

中西方的研究差异，与其经济发展特点密不可分。美国、英国等发达国家在经济发展到一定程度后，开始进行去工业化，将劳动密集型产业外迁至劳工成本更低的发展中国家，其国内产业更多保留的是研发设计、营销服务等高价值环节。换言之，发达国家国内的产业链是不完整的。因此，发达国家注重的是供应链上的稳定供给，研究侧重点也相应聚焦在供应链上。而我国作为经济大国，产业门类齐全，市场需求多样，资源要素充裕，形成了完备的产业体系。据统计，我国目前拥有 41 个工业大类、207 个工业中类、666 个工业小类，是全世界唯一拥有联合国产业分类中全部工业门类的国家[1]。产业链在我国既具有完整性的特征，又具有丰富性和多元性，因此成为我国理论界和实践部门共同关注的题目。产业链、供应链、价值链概念辨析如表 4-1 所示。

表 4-1 产业链、供应链、价值链概念辨析

		产 业 链	供 应 链	价 值 链
区别	隶属学科	经济学	管理学	经济学
	侧重点	描述客观存在的经济、技术、信息等的联系	强调上、下游间通过供需、购销等关系形成的投入产出联系	侧重各生产环节的价值增值、企业的价值创造情况
	目标导向	提高产业链韧性、稳定性与价值水平	提高供应效率与稳定性，降低生产成本	提高生产活动的价值增值
联系	依托载体相同	产业链、供应链和价值链均是涵盖了原材料生产、研发设计、制造、加工组装、分销零售等最终产品或服务生产的全过程环节		
	具有包含关系	产业链包含供应链与价值链。产业链是产业分工体系下客观存在的链式集合，是供应链和价值链的物质基础；供应链和价值链是产业链从投入产出、价值增值视角下分解出的形态		

资料来源：赛迪研究院归纳整理。

笔者认为，产业链应当具备以下三层含义：一是产业链是产业分工体系下研发、生产、流通、销售等各环节按照一定的生产工艺流程形成的组合，涵盖了最终产品或服务生产的全流程；二是产业链是围绕同一目标进行分工协作的各类微观主体活动的集合，既包括企业，也涉及研发、金融、物流等各类机构；三是产业链是多种生产要素经过特定的排列组合形成的归集，涵盖了产品、技

---

[1] 国务院新闻办公室. 党的十八大以来工业和信息化发展成就. 2022-6-14.

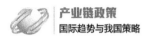

术、价值、信息、知识、物流等多个方面。

2. 产业链政策的概念

产业链政策是一个新的概念，目前仅有少数学者对产业链政策开展过研究。盛朝迅将产业链政策定义为"从产业链视角出台的补链、延链、固链、优链、强链等一系列政策的总和"。[①]杨振认为产业链政策是"用以协调产业链条上企业之间的合作关系，保障产业链条稳定可控的一系列政策支持体系"。[②]此外，张其仔和许明强调要"推动传统产业政策向产业链供应链现代化导向型产业政策转化"[③]；张杰表示要"构建中国特色的全产业链条导向的新型国家产业政策体系"[④]；这些观点为我们研究产业链政策提供了重要基础。

结合国内外政策实践，立足前述产业政策和产业链的研究，笔者认为：产业链政策是政府为保障产业链安全稳定、促进产业链循环畅通、增强产业链国际竞争力等目标，制定出台的作用于产业链各环节以及促进各环节衔接畅通的各类产业政策的总和。

（二）产业链政策具有系统性、协调性、市场性和开放性特征

根据产业链政策的定义和各国已有产业链政策实践可以看出，产业链政策具有系统性、协调性、市场性和开放性四大特征。

系统性是指产业链政策的制定和实施立足于产业链发展的全局视角，既促进产业链具体环节的发展，更兼顾上、中、下游各环节的整体发展。这是产业链政策区别于现行"条块式"产业政策的最根本的改变。如果过度强化某一环节发展，其他环节或将难以等量匹配，从而造成资源浪费；而如果个别环节缺失或者能力不足，又将导致全产业链断裂。因此，产业链政策制定者需要跳出单一环节或单一产业发展的视角，系统性地摸排产业链上中下游各环节整体情况，制定出台整体利益最大化的政策。

① 盛朝迅. 从产业政策到产业链政策："链时代"产业发展的战略选择. 改革, 2022（2）: 22-35.
② 杨振. 产业链政策与产业政策有何不同. 学习时报, 2022-8-3.
③ 张其仔, 许明. 实施产业链供应链现代化导向型产业政策的目标指向与重要举措. 改革, 2022（7）: 82-93.
④ 张杰. 重铸全产业链新型国家产业政策体系. 中宏网, 2022-10-12.

协调性是指在产业链政策制定和实施过程中，要加强跨行业、跨区域、多主体的统筹协调。一是要协调各部门的力量，促进行业主管部门与财政、金融、教育、人社等要素保障部门之间的协调，形成政策合力。二是要协调各区域的资源，引导各地区结合区位优势、资源禀赋、产业基础等条件，做大做优做强优势特色产业，同时加强错位竞争和互补合作，实现差异化发展。三是要协调企业、研究院所、高校、行业协会等多方力量，加强信息共享、供需匹配和成果对接，实现多方共赢。

市场性表现在产业链政策不仅要发挥好政府的引导作用，更要充分发挥"链主"企业的引领作用，实现有效市场与有为政府的有机结合。由于产业链涉及面广、涵盖主体多，有时还面临各种内外部风险，因此需要政府扮演好引导员和监督员的角色，做好协调和托底工作。企业是产业链的核心主体，特别是"链主"企业对产业链发展起着举足轻重的作用，决定着产业链的方向、规模和影响力。产业链政策必须充分发挥"链主"企业的"领头羊"作用，为企业发展营造良好的环境。

开放性意味着要充分考虑产业链跨国别、全球化的布局特征，遵循公平竞争、非歧视性等原则，加强与国际规则接轨和各国政策协调。在当今世界，产业链的外延不断扩展，任何一个国家都不可能将产业链的所有环节都布局在一国之内，这种做法既不现实也没必要。更有效率的做法，就是充分利用全球资源，实现全球生产、全球销售。这就要求本国产业政策必须与合作伙伴国产业政策充分对接，必要时建立双边或多边合作机制，构建区域性规则圈；同时，也要加强与国际规则的接轨，如世界贸易组织的公平竞争原则、非歧视性原则、可预测性和透明度原则等，在国际规则体系下保障国际合作正常运转。

（三）产业链政策是现行产业政策的升级版

产业链政策形成于全球产业链格局重塑、新冠疫情蔓延和地缘政治冲突加剧等国际背景下，服务于各国经济高质量发展的现实需要，是从产业链视角实施的产业政策，属于产业政策的范畴，是产业政策为适应国内外形势变化而演

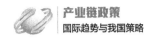

变升级的结果。产业链政策与现行产业政策相比，二者在制定主体方面相同，但在政策对象、政策目标和政策工具等方面存在一定差异。

在制定主体方面：基于经济利益和社会效益最大化的考虑，具有较强公信力和执行力的政府承担着产业链政策和产业政策制定实施的主体作用；企业、高校、科研院所、行业协会作为产业链的重要组成部分，直接或间接地参与到产业链政策和产业政策的预研、决策、咨询、制定和实施当中，是政府的有益补充。

在政策对象方面：产业政策偏重最终产品、整机的发展，而产业链政策不仅关注原材料、中间产品和最终产品等上下游环节，同时注重各环节的贯通衔接和产业链整体需求，这恰恰是当前产业政策顾不到的地方。

在政策目标方面：产业政策以发展为导向，重在实现产业规模扩大、产业竞争力增强和生产效率提高等目标。产业链政策则显著提高了对产业安全的考虑，以统筹发展和安全为导向，通过强链、补链、延链、固链、塑链等行动，达到促进产业链效率提升、加快产业链价值升级、塑造产业链生态体系、有效应对国际产业链竞争等目标。

在政策工具方面：产业政策主要采用财政支持、税费优惠、消费补贴、优惠贷款、知识产权保护等手段。产业链政策针对产业链发展需求，可采用以下三类工具手段。第一类是供给型政策工具，主要包括推广供应链金融、搭建产业链信息共享平台、建设新型基础设施等举措；第二类是需求型政策工具，主要包括认定高新技术产业链、全产业链政府采购、全产业链消费补贴、建设重点产业链试点示范等举措；第三类是环境型政策工具，包括制定产业链标准、征收产业链碳排放关税、产业链韧性投资安全审查、企业供应链尽职调查义务设定、设立产业链保险、加强产业链知识产权保护等举措。产业链政策与产业政策比较如表 4-2 所示。

表4-2 产业链政策与产业政策比较

	产业链政策	产 业 政 策
制定主体	政府	政府
政策对象	产业、技术、企业、中间产品和最终产品上下游各环节贯通衔接	产业、技术、企业、中间产品和最终产品
政策目标	兼顾发展和安全： 促进产业链效率提升 加快产业链价值升级 塑造产业链生态体系 有效应对国际产业链竞争	以促进发展为主： 扶持产业发展 促进技术创新 优化产业结构 提高生产效率
主要措施	制定产业链标准、征收产业链碳排放关税、产业链韧性投资安全审查、搭建产业链信息共享平台、开展产业链保险等	财政补贴、税收优惠、优惠贷款、政府采购、基础设施建设、知识产权保护等
政策分类	产业链节点政策 产业链连接政策 产业链价值政策	产业结构政策 产业组织政策 产业技术政策 产业布局政策

资料来源：赛迪研究院归纳整理。

三、产业链政策的框架体系

产业链政策是以产业链为对象，按照系统思维引导其发展的政策，符合系统论的理念。系统论将系统的组成分解为三大构件，即系统的要素、系统的连接和系统的目标，其中，系统的要素是构成系统的基本单元和载体，系统的连接是将要素与目标有机结合、使系统各部分相互产生关联，系统的目标是系统所预期达成的目的、反映出系统所具备的功能或运行方向。[1]按照系统论方法，本课题将产业链也分解为三个方面，一是产业链各节点环节，它是组成产业链的基本单元；二是产业链各环节之间的衔接；三是产业链整体价值水平的提升。与之相对应，产业链政策划分为产业链节点政策、产业链连接政策和产业链价值政策三类。

---

[1] 吕洁. 系统论思维路径：对公司经营管理者的监督机制分析. 上海：华东政法大学，2017.

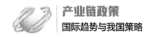
（一）产业链节点政策

产业链节点政策是以产业链各环节为作用对象的政策，包括针对关键技术、材料、零部件、设备、流通、销售等特定产业链环节实施的各类有利于增强该节点能力的政策。

在政策目标方面，产业链节点政策往往针对产业链特定环节存在的缺失、性能低下以及供应不足等问题，政策实施的目标在于补齐短板、提高性能等目的。

在政策工具方面，产业链节点政策常采用资金支持、税收减免、优惠贷款、政府采购等政策措施，这与产业政策的工具手段基本类似。例如，针对关键核心技术的研发投入政策，针对关键设备进口的减免税政策，针对首台套（首批次）产品应用的政府采购政策，以及针对中小企业的减税降费政策等。

在政策实践方面，产业链节点政策已在各经济体内得到普遍应用。例如，欧盟通过研发框架计划持续为技术创新提供资金支持，2021—2027 年的第九期框架计划"地平线欧洲"的预算金额高达 955 亿欧元；美国《芯片与科学法案》通过为半导体制造和相关设备的资本支出提供 25%投资税收减免等方式，支持提升本土芯片制造环节能力；2021 年 12 月修订的《中华人民共和国科学技术进步法》规定"对境内自然人、法人和非法人组织的科技创新产品、服务，在功能、质量等指标能够满足政府采购需求的条件下，政府采购应当购买；首次投放市场的，政府采购应当率先购买，不得以商业业绩为由予以限制。"以法律形式鼓励发挥政府采购在创新产品应用上的促进作用；针对中小微企业发展，我国出台过多项减税降费政策以降低生产经营成本，2021 年为制造业中小微企业办理缓缴税费 2162 亿元，支持小微企业发展税收优惠政策新增减税 2951 亿元；等等。

（二）产业链连接政策

产业链连接政策是以促进产业链各节点间连接畅通为目标的政策，包括促进产业链上下游不同环节之间的衔接，大中小企业之间的连接，创新链、产业链、资金链、人才链等不同要素之间的对接，以及国内外之间的连接等。

在政策目标方面，产业链连接政策主要针对产业链各环节衔接不畅、产业与科技"两张皮"、人才与产业供需错配、金融与产业失衡、区域产业鸿沟等问题。政策实施的目标在于改善传统各部门各自为政的管理模式，强化各环节、多主体、跨领域、跨区域之间的合作联动，促进产业链上信息共享、资源流动、设施共建、规则共制，从而实现"串点成链"、构建要素耦合且融通发展的产业链生态体系、协同提升产业链效率等目标。这类政策是产业链政策的重点和难点。

在政策工具方面，产业链连接政策采取的措施包括完善基础设施建设、搭建产业链信息共享平台等，以促进产业链不同环节间的衔接；建设重点产业链试点示范、鼓励组建联合体承担项目等，以推动大中小企业融通；建设科研成果转化公共服务平台、推广供应链金融、开展产教融合建设试点等，以促进企业与高校、研究院所、金融机构等不同主体之间、产业与技术、资金、人才等不同要素之间的衔接效率；加强区域贸易合作、构建区域性产业链联盟等，以强化国内外的合作。

在政策实践方面，产业链连接政策在各地得到积极探索和应用。如，在促进各环节衔接方面，长沙、南宁等地搭建了涵盖上下游企业信息、关键产品供求信息、科技成果信息等内容的产业链信息共享平台；在推动多主体联通方面，广东省在预制菜领域开展全产业链标准化试点，鼓励生产、加工、包装、运输、科研、检验检测等相关方联合体共同申报，进而能促进不同主体之间的沟通连接；在加强产业与金融等要素连接方面，中国人民银行、工业和信息化部等八部门于 2020 年 9 月联合发布了《关于规范发展供应链金融 支持供应链产业链稳定循环和优化升级的意见》，从提升产业链整体金融服务水平、探索提升供应链融资结算线上化和数字化水平、规范发展供应链存货、仓单和订单融资等方面推动供应链金融发展，打通企业融资堵点；在促进跨区域连接方面，美欧实施了"重建美好世界"倡议、"全球门户计划"等全球性基础设施投资计划；等等。

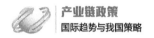

（三）产业链价值政策

产业链价值政策是以全产业链为作用对象、推动产业链效率改进和价值提升的政策。其中，价值涵盖了经济价值、环境价值和安全价值三方面。

在政策目标方面，产业链价值政策具体包括三类：第一类是促进产业链数字化、智能化发展的政策，主要目的是促进产业链高端化升级；第二类是推动产业链绿色化转型的政策，主要目的是提升产业链的环境价值；第三类是提高产业链安全性的政策，主要目的是防范重大风险冲击，增强产业链韧性和稳定性。

在政策工具方面，产业链价值政策采取的措施一般包括制定全产业链规则标准、全产业链技术改造等方式，促进产业链数字化智能化水平提升；征收产业链碳排放关税、设定企业在环境保护方面的供应链尽职调查义务等，以倒逼全产业链条绿色升级；开展产业链安全审查评估等，以保障产业链安全水平。

在政策实践方面，欧盟的碳边境调节机制通过对整条产业链征收碳关税，将环境价值内化于生产过程，倒逼产业链所有环节实现绿色生产，进而提升全产业链绿色效能；美国《确保美国外国投资委员会充分考虑不断变化的国家安全风险》的行政令要求美国外国投资委员会在审查投资过程中需考虑特定交易对美国关键供应链韧性的影响，以维护产业链安全；我国国家市场监督管理总局（国家标准化管理委员会）于 2022 年 10 月颁布的《信息化和工业化融合管理体系 供应链数字化管理指南》提出，以综合性标准引导企业开展供应链数字化管理，提高产业链智能化水平，等等。

第五章 | Chapter 5

我国产业链政策需要解决的
核心问题

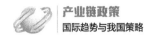

我国产业链经过七十多年的发展，国形成了完备的产业链体系，特别是工业领域的规模实力、质量效益、品牌影响力等取得了举世瞩目的成就，使我国成为世界制造业第一大国和全球第二大经济体。但与高质量发展的需求相比，我国产业链仍然面临产业链受到冲击、产业链效率有待提升、产业链向高端转移、产业链生态离散等问题。这些问题是我国经济发展过程中避不开、绕不过的问题，也是实现制造强国战略必须要解决的问题。

一、产业链面临冲击问题

近年来，部分西方国家大肆渲染所谓的中国制造"威胁论"，不断推进全球产业链本土化、多元化布局，对我国实施"禁运""断供""停服"等制裁手段，试图遏制我国产业链发展。这些行径致使我国产业链面临冲击，我国与美、欧经济体的产业合作正在滑向"修昔底德陷阱"的边缘。

（一）产业链关键核心环节受制于人

长期以来，受西方自由市场主义的影响，我国产业界存在"造不如买、买不如租"的思想观念，产业发展所需要的核心技术和关键设备、材料高度依赖进口。这在我国经济发展初期，工业技术和生产能力非常薄弱的情况下，是一种"低成本、高效率"的发展方式，但随着我国经济发展不断壮大，这种模式对产业安全埋下了重大隐患。在材料领域，工业和信息化部在 2018 年曾经对 130 多种关键基础材料进行调研，发现关键材料领域一定比例上依赖进口。在关键设备领域，目前我国在高档装备仪器、高端数控机床、发动机等领域的设备高度依赖进口。近年来，随着西方发达国家对我国禁运、断供，我国产业发展受制于人的问题不断暴露，产业链"卡脖子"风险加大。

基础理论研究投入时间太短是我国"卡脖子"问题的根源。基础研究是一切科技创新的源泉，是产业发展的支撑。那些重大突破性的新技术、新产业往往是从基础研究开始的。我国由于经济底子薄、起步晚，产业发展的技术体系很长一段时间以来都是嫁接在国外的产业技术之上的。2021 年我国研发投入强度（研发经费支出/国内生产总值）为 2.44%[①]，比美国低了近 1 个百分点（美国 2020 年研发投入强度为 3.39%）。基础研究方面的差距更大，2021 年我国基础研究经费为 1817 亿元，占全年研究与试验发展经费支出的 6.5%，远低于美国（18%）、英国（17%）、法国（20%）等发达国家的水平。[②]在投入不足的情况下，我国很多技术只是做到了引进，并没有很好地消化吸收、再创新。2020 年我国规模以上工业企业技术引进投入与消化吸收投入的比值为 1 : 0.16，与发达国家 1 : 3 的数据形成明显对比。

（二）发达国家主导推动全球产业链"排华"倾向加剧

在经济全球化的背景下，各经济体通过发挥比较优势构建了相互竞争、相互依存的全球产业链分工合作体系。然而近年来，受政治、经济、战争、疫情等多种因素的影响，部分发达国家通过"物理断链""产业断链""科技断链"等行径主导构建"排华"产业链，试图孤立并遏制我国发展。"物理断链"方面，试图在我国周边地区打造"小圈子"，以割裂我国与其他地区的供应链合作。例如，美国主导推动"印太战略"，通过加强与日本、韩国、澳大利亚、印度及东盟各国的军事、经贸和科技伙伴关系，意图遏制我国与太平洋周边国家的合作。"产业断链"方面，主要是在关键行业"去中国化"，以期减弱与我国的产业链联系。例如，美国通过国内市场禁入、盟友协作、长臂管辖、芯片禁售等手段打压我国集成电路产业发展。而且欧美的"产业断链"并不仅仅局限于科技含量高的新兴产业，已经逐渐辐射到传统行业、资源行业甚至基础设施领域。又如，2022 年 11 月，加拿大以所谓的"国家安全"为由，要求三家中国矿产资源企业撤出其在加拿大的投资。2022 年，中远海运港口有限公司在收购汉堡港集装箱码头部分股权时也遇到美国对德国政府的警告和威胁。上述行为直接导致近年来我国对美直接投资大幅下降，从 2016 年的 169.8 亿美元下降到 2021 年的 55.8 亿美元，降幅达 67%。"科技断链"方面，欧美等国不断加强对

① 熊丽. 2021 年我国研发投入强度创新高. 经济日报，2022-01-27（003）.

② 张立. 坚定不移 打好产业基础高级化攻坚战. 中国工业和信息化，2022（8）: 46-49.

我国的技术封锁。美国产业与安全局数据显示，美国对华"视同出口"①许可在全球占比自 2017 年的 53.0%降至 2021 年的 32.3%，美国正在强化对华技术、软件等无形之物的出口审批。为了全方位限制高端技术出口，达到所谓的"防止技术外流"的目的，美国司法部还启动了"中国行动计划"。截至 2021 年年底，该行动指控 148 人，其中 88%为华裔。虽然该计划于 2022 年 2 月被叫停，但是对中美科技交流合作造成了一定的危害。美国智库研究发现，受"中国行动计划"影响，中美在研究论文上声明隶属关系的学者数量下降了 20%以上。2013—2021 年中美双边直接投资金额及同比增速如图 5-1 所示。

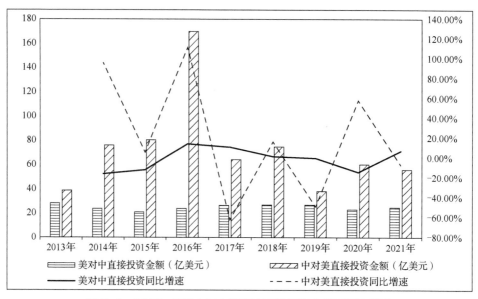

图 5-1 2013—2021 年中美双边直接投资金额及同比增速

资料来源：中华人民共和国商务部

在欧美等发达经济体的主导下，一些发展中国家采取跟随战略，推动建立本国涉华产业链，试图取代"中国制造"。例如，印度推出"对华产业替代"战略，一方面，以"涉嫌洗钱""逃税""违反外汇管理"等为借口，随意采取巨额罚款、冻结资金、扣押资产等措施，对中资企业进行恶意打压，逼迫中资企

---

① "视同出口"是指将技术、软件发布或以其他方式转移给位于美国境内的外国人，则"视同"向该个人的国籍所属国"出口"。该数据是美国商务部产业与安全局（BIS）发布的，反映技术转移的统计数据。

业退出印度市场；另一方面，又大力引进苹果、三星等企业的生产线，试图以"印度制造"取代"中国制造"；此外，印度还积极参与美国主导的"芯片联盟""供应链联盟""印太经济繁荣框架"等，积极融入美国打造的产业链联盟。以印度为代表的部分发展中国家积极参与欧美"排华"产业链，目的就是取代中国在全球产业分工中的地位。随着近年来我国制造业成本的逐渐上升，印度、东盟、南美等发展中国家和地区的比较优势逐渐显露出来，在对外出口增速方面增速大幅超过我国，我国面临的竞争将更为激烈。部分发展中国家 2021 年出口金额及全球占比变化情况如图 5-2 所示。

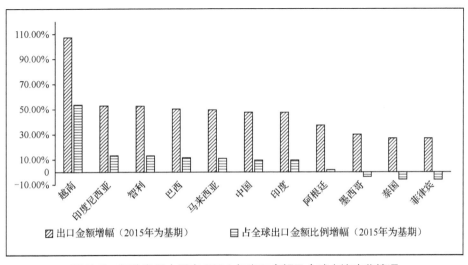

图 5-2 部分发展中国家 2021 年出口金额及全球占比变化情况

资料来源：Wind 数据库。

二、产业链效率有待提升问题

面对全球产业链的动荡，稳定高效的产业链上下游协作显得越发重要。受思维方式、管理等因素的影响，我国部分产业链上下游协同性不够强，产业链区域间合作面临同质化、地方保护主义限制及跨区域产业链沟通成本高等现实困境，产业链效率有待提升。

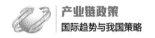
（一）产业链上下游协同性有待加强

从上下游企业间的相互关系看，部分企业尚未建立"产业命运共同体"的意识，通过"挤出"上下游企业来保持自身的竞争优势。这种行为在成熟行业中更为普遍，成熟行业往往已经进入较为稳定的发展阶段，市场空间、资源条件基本恒定，于是大企业往往通过垄断资源和市场的方式强化竞争力，挤占小企业的生存空间。新兴行业产业链更长、链条上各节点间的知识外溢性、资金外部性影响更大，如果继续秉持传统思维，将难以形成良性的合作对接关系，不利于产业长远发展。

从上下游企业间的合作模式看，目前我国产业链上很大一部分企业主业是为前端企业提供代工生产，在市场订单、产品设计、议价能力等方面处于弱势地位，很难与上下游企业产生良好协同。改革开放以来，我国东南沿海地区不少企业采用贴牌加工的模式参与国际贸易，成为发达国家跨国公司的代工企业。这些代工企业为我国工业经济发展奠定了良好的基础，但是这些代工企业由于不掌握核心技术，普遍技术水平不高，产品市场层次不高，在大企业的供应链上处于从属地位，缺乏与大企业平等对话的能力，更谈不上主导合作。

从上下游企业间的信息流通看，受限于企业对信息安全的顾虑以及信息沟通平台的缺乏，上下游企业间往往存在诸多"信息孤岛"和鸿沟，导致难以形成有效的协作机制。传统产业链上下游企业大多是靠着逐级沟通的方式，尤其是中小企业，多数情况下通过与自己合作最紧密的上下一级企业与其他层级企业沟通，而很多企业常常需要对接数十个、数百个供应商，信息传输效率低、错误率高。仅有极少数龙头企业有实力自建高效的供应商沟通系统，在某一环节"断链"时快速反应，并迅速联系新的供应商，实现跨级调度。

专栏 5-1 　联想供应链智能控制塔
联想供应链智能控制塔（见图 5-3）采用了大数据、人工智能、物联网等技术，集合了 30 多家自有及合作工厂、2000 余家核心零部件供应商、280 万家分销商及渠道商，以及 180 多个不同国家和地区客户的需求及供应情况。该

系统可以在某一环节"断链"时快速调度和决策，并迅速联系新的供应商，实现跨级调度，提升联想供应链的弹性与韧性。

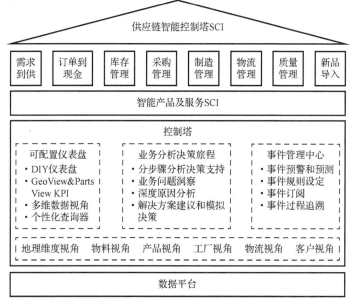

图 5-3　联想供应链智能控制塔

2021 年 12 月，该系统预测 2022 年 1—3 月某一级供应商需交付的指纹识别模组会有 15 万件的缺口，原因是其二级供应商在中国台湾的代工厂感应芯片产能不足。发现问题后，联想立刻重新联系了新的二级供应商汇顶科技，增加了 20 万件产能，快速高效完成了产业链上下游协调，成功避免了一次"断链"。

（二）产业链区域间合作有待加强

从生产端看，我国各地区在主导产业选择上存在趋同现象问题，产业链互补性和协作性有待加强。根据我国各省级行政区"十四五"规划显示，全国 31 个省份均将产业链作为"十四五"期间的重点工作之一，并分别提出了各自的重点产业链条。据不完全统计，全国有 20 个省份将集成电路作为重点发展产业链，27 个省份将生物医药作为重点发展产业链，24 个省份在氢能产业链上采取了布局，23 个省份围绕新能源汽车产业链建设布局，30 个省份提出要大力发展

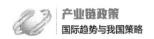
新材料产业等，产业同质化竞争激烈。部分地方在产业发展中不顾本地产业特色和资源优势，只注重做大总量，盲目追求"大而全""小而全"，导致很多区域间产业链竞争有余、合作不足。31 个省、市、自治区（不包含港、澳、台地区）重点发展产业链如表 5-1 所示。

表 5-1　31 个省、市、自治区（不包含港、澳、台地区）重点发展产业链

省、市、自治区	集 成 电 路	生 物 医 药	氢　　能	新能源汽车	新 材 料
北京	√	√	√	√	√
上海	√	√	√	√	√
天津	√	√	√	√	√
重庆	√	√	√	√	√
河北	√	√	√	√	√
山西	√	√	√	√	√
吉林	√		√	√	√
辽宁	√	√	√	√	√
黑龙江	√	√	√	√	√
陕西	√	√	√	√	√
甘肃	√		√		√
青海		√	√		√
山东	√	√	√	√	√
福建	√	√	√		√
浙江	√	√		√	√
河南		√		√	√
湖北	√	√		√	√
湖南			√	√	√
江西	√	√	√		√
江苏	√	√	√	√	√
安徽	√	√	√		√
广东	√	√		√	√
海南		√	√		√
四川	√	√	√		√
贵州		√		√	√
云南				√	√
内蒙古		√	√	√	√
新疆			√		√
宁夏					√

续表

省、市、自治区	集 成 电 路	生 物 医 药	氢 能	新能源汽车	新 材 料
广西		√	√	√	√
西藏					

注：1.资料来源于各地"十四五"规划等文件。2."√"代表该省份在"十四五"规划中提到重点建设该产业链或专门制定了相关产业链规划。

从市场端看，地方保护主义和隐形行政壁垒仍然存在，全国统一大市场建设势在必行。一方面，部分地方政府为了支持本地企业发展，往往通过财政、消防、环保、税务等多种手段鼓励使用本地产品、限制外部产品进入。以新能源汽车产业为例，部分地方或明或暗地扶持本地新能源汽车产业和企业，如变相要求企业在本地设立法人单位和建立工厂，强制车企采购本地企业生产的零部件，限制或变相限制消费者购买外地新能源汽车等。[①]另一方面，跨区域产业链合作存在协商决策成本高、时间长、效率低等问题。以物流效率为例，2021年我国社会物流总费用与 GDP 的比率为 14.6%，远高于美欧等发达国家，西北、东北等地区物流总费用与 GDP 的比例更高，一定程度上降低了产业链跨区域合作的效率。

三、产业链向高端转移问题

当前，我国制造业仍处于全球价值链的中低端。从产业自身看，主要表现在以下几个方面：技术水平有待提高，缺乏原创性、引领性先进技术；制造装备性能不佳，与发达国家先进产品存在一定差距；能够带领产业链实现整体破局的"链主"企业数量严重不足。从外部看，我国产业发展面临日益紧迫的气候环境和资源能源约束，新一轮科技革命和产业变革对企业数字化转型提出新要求。这些问题成为制约产业链价值升级的掣肘。

（一）核心技术、设备性能有待提高

一方面，核心技术和设备研发投入高、周期长，不确定性大，企业创新的

---

① 杨忠阳. 破除新能源汽车地方保护主义. 经济日报，2022-07-01.

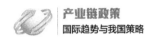

动力不足。在我国庞大的产业体系中，大量产业链关键技术尚不能满足高质量发展的要求，高端装备、精密元器件、先进材料等质量性能与发达国家存在差距。例如，国产精密机床加工精度目前仅能达到亚微米，与国际先进水平相差1~2个数量级。①究其原因，在于这些核心技术及关键设备研发和生产所需的资金投入大、研发周期长，且存在较大失败风险。在我国工业化的积累进程中，庞大的国内市场需求有效支撑了中低端技术和产品的发展，企业没有足够的动力和意愿开展高新技术研发和高端设备研制。由于我国多数企业生长存续时间较短，缺乏长期的技术积累，往往采用"拿来主义"，对于核心技术和设备的自主掌控意识和能力有待提高。

另一方面，国产高性能设备产品存在市场应用难题。经过多年的发展，我国科技创新体系日趋完善，研发经费投入从2012年的1.03万亿元增长到2021年的2.80万亿元，攻克了一大批新技术、新装备和新产品。然而许多企业对于国产高性能设备和产品存在一些"不敢用""不愿用"的倾向，这严重制约了我国高技术产品的应用和推广。相比于中低端产品，高性能产品对技术、经验、数据等的要求更高，市场需求传递路径更长，市场激励相对更弱，面临创新风险大、回报周期长等难题。同时，既有品牌对市场的垄断、客户的路径依赖，又有新产品产业生态不稳定、不完善等都可能限制高技术产品和设备的应用。针对这一问题，近年来我国出台保险、财税、认定等多样化的政策措施，有效解决了首台（套）装备、首批次材料的应用难题。但也要看到，当前政策还存在覆盖产品范围有限、对中小企业支持力度不足等问题亟待解决。

（二）具有产业链引领能力的"链主"企业不多

一方面，我国大量产业链"有链无主"。"链主"企业是产业链的主导者和规则制定者，对产业链发展起着至关重要的作用。从发达国家经验来看，正是因为拥有一批对产业生态和行业发展起着核心引领作用的世界一流企业，为发达国家掌控产业链控制权奠定了坚实基础。我国已广泛认识到"链主"企业的

---

① 刘玉书，王文. 中国智能制造发展现状和未来挑战. 人民论坛·学术前沿, 2021（23）: 64-77.

重要性，但相比于发达国家，我国能够领导产业生态的"链主"企业并不多，大多产业处于"有链无主"的状态。同时，一些称得上"链主"的企业，对所在产业链的技术、市场、标准和规则的领导力不强，甚至其产品和技术本身也是建立在国外巨头"链主"的底层技术基础之上的，存在受制于人的风险。

另一方面，"链主"企业与"链属"企业分工协作格局有待完善。产业链"链主"企业和"链属"企业由于规模、实力差异，在产业链中所处地位和作用各有侧重。"链主"企业作为产业链的龙头和核心，承担着立标杆、树标准、促集聚、建生态的作用；"链属"企业主要发挥专、精、特、新功能，为"链主"企业提供配套和辅助功能。然而，从实际来看，我国部分产业链的"链主"企业和"链属"企业之间尚未建立起互补合作的局面，"链主"企业利用自身优势地位侵蚀"链属"企业的利益，带领全链条企业应对外部风险的能力不强，引领重构国际规则的意识不够。同时，一些中小企业由于创新能力不够强、专业化程度不够高，导致对"链主"企业的支撑作用有限。

（三）产业链绿色化转型难度大

我国工业整体能耗大、能效不高，环境约束日益趋紧。2020年9月，我国明确提出要在2030年实现"碳达峰"、2060年实现"碳中和"的目标。"双碳"目标对于我国工业经济的发展是硬约束也是硬挑战。目前我国工业用能占终端能源消费的比例高于60%，产业结构中钢铁、煤炭、化工、建材等高能耗行业仍然占据较大比重，工业节能技术推广普及范围有限，高能耗、低能效的发展模式还未实现根本转变。[①]据经济合作与发展组织（OECD）测算，2021年我国能源产出率为美国的84%、德国的57%和日本的59%。我国每排放1吨CO_2，可产生2150美元的经济价值，而OECD国家平均可产生4240美元的经济价值，是我国的近两倍，我国工业能效与OECD国家还有比较明显的差距。我国为全球提供着巨大的工业产能，但同时也承担着巨大的能源消耗，以及温室气体、污染物排放，生态环境压力巨大。

---

① 袁惊柱. "十四五"时期，我国能源发展趋势与挑战研究. 中国能源，2021（7）：34-40.

绿色转型面临资金、技术等方面的制约。工业绿色化转型是落实"双碳"战略目标、实现高质量发展的必由之路，但绿色化转型面临着一系列的障碍和难题。在资金方面，面临成本与收益期限错配的矛盾。绿色化技术、设备和工艺在前期往往需要较大的资金投入，但在后期将成倍产生良好的经济效益、生态效益和社会效益，属于一次投入、长期受益的技术。但部分企业由于意识有待提高、资金压力大或者投入产出比较低等顾虑，存在"不愿转"的问题。技术方面，由于不同行业、不同企业生产工艺和技术设备差异大，适用性的绿色技术存在严重的供给不足，企业普遍面临"不会转"的问题。

我国面临的国际绿色规则约束不断增强。以欧盟碳边境调节机制为例，2022年3月，欧盟理事会在碳边境调节机制上达成初步协议，将对从碳排放限制相对宽松的国家和地区进口的水泥、铝、化肥、钢铁等产品征税。这一机制将直接提高我国出口欧盟产品所需负担的碳成本，削弱我国相关产品的国际竞争力。此外，发达国家对我国的绿色产品也设定了形式多样的技术性贸易壁垒，如设定严苛的检测项目和标准、提出严格的包装和标签要求等，对我国形成新的限制。

（四）产业链数字化水平参差不齐

我国企业数字化转型比例总体偏低，与发达经济体尚存较大差距。经过多年发展，我国数字经济取得长足发展。但总体来看，我国工业仍处于2.0补课、3.0普及、4.0示范阶段，数字化转型总体水平不高，转型任务十分艰巨。据中国中小企业协会测算，目前我国企业数字化转型比例约为25%，这一数字在欧洲为46%，在美国为54%，我国还有较大差距。[1]在制造业领域，制造企业生产设备数字化率、关键工序数控化率、数字化设备联网率均不到50%，应用信息技术实现业务集成比例不足20%。[2]中国电子技术标准化研究院的《中小企业数字化转型分析报告（2020）》显示："在江苏、山东、浙江、广东等地具有代表

---

① 杨道玲，傅娟，邢玉冠. "十四五"数字经济与实体经济融合发展亟待破解五大难题. 中国发展观察，2022（2）：65-69.
② 李旻浩，林群弼，白一鹤. 供应链迎来数字化变革，企业如何抓住诸多机遇. 财经，2017（10）.

性的 2608 家中小企业样本中，89%的中小企业处于数字化转型探索阶段，企业开始对设计、生产、物流、销售、服务等核心环节进行数字化业务设计；8%的企业处于数字化转型践行阶段，对核心装备和业务数据进行数字化改造；仅有 3%的中小企业处于数字化转型深度应用阶段。"

"缺人才""缺资金""缺方案"对我国企业数字化转型形成制约。数字化转型是一个系统性的工程，对企业既有的生产流程、组织体系、人员结构将造成重大变化。但广大中小企业数字化人才储备和组织变革能力都非常有限，转型难度较大。[1]同时，和绿色化转型一样，数字化转型前期面临着较大的资金压力，而经济回报未必会立竿见影，高昂的转型成本和有限的资源投入，导致中小企业数字化转型步履维艰。据统计，在推动数字化转型的企业中，仅有 14%的企业投入超过年销售额的 5%，七成企业的投入不及年销售额的 3%，其中三成企业投入未超过年销售额的 1%。特别是在新冠疫情期间，很多中小企业的数字化投资进一步减少，据国际数据公司（IDC）显示，由于新冠疫情造成的经济影响，导致小机构（10 人以下）和小企业（10～99 人）在 2020 年 IT 方面的支出有一定缩水。

数字化平台和数据交易市场建设尚不完善。由于不同工业企业生产设备操作流程和数据接口差异较大，缺少统一的连接标准，相互之间难以兼容和互联互通，导致产业互联网建设和通用数字平台发展举步维艰，对企业数字化转型的支撑作用难以有效发挥。据调查，目前中国中小企业中仅有 10%左右使用了 ERP 和 CRM 方案，6%左右实施了 SCM（供应链管理）。[2]同时，我国在数据交易方面尚无统一交易市场，各地方建设的数据交易市场，标准规范不统一且数据交易量有限，丰富的数据富矿未得到有效的开发和利用，企业间数字化转型协同效应不足。

① 王超贤，张伟东. 后疫情时代我国数字化转型可持续发展面临的问题及对策. 信息通信技术与政策，2020（10）：59-62.

② 刘晓焱. 中国制造业企业提升路径探析. 国际商务财会，2021（6）：7-100.

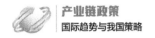

四、产业链生态调整问题

产业链生态是产业链发展赖以为继的资源要素集合，产业链生态是一国产业链竞争力的重要基础。当前我国产业链发展中面临的许多问题，如金融供给与产业链发展需求错位，人才结构与产业链发展需求脱节，能源资源约束风险日益凸显，部分产业链生态开放性，等等，这些都是我国产业链生态亟须解决的问题。

（一）资金链与产业链发展不协同

我国金融供给与产业链发展需求不匹配。现代产业链不但需要大规模资金，而且需要能够支持产业链全流程发展的长周期、稳定资本。然而，我国产业链融资形式仍以银行贷款为主，间接融资成本高、形式单一，难以满足产业链各环节不同周期、不同风险情况的融资需求。根据公开数据，截至 2021 年年底，我国直接融资存量占比为 12.5%，增量占比是 14.4%，美国非金融企业部门直接融资比例常年在 80%以上。我国银行等金融机构的监督考核标准倾向于规避风险，致使金融机构偏爱风险低、投资回报稳定的大企业和成熟产业，同时大量资金在金融市场内部自我循环，对实体经济支持不足。《2021 年中国银行业社会责任报告》显示，截至 2021 年年底，我国社会融资总规模为 314.13 万亿元，其中，对实体经济发放的人民币贷款余额为 191.54 万亿元，占比约为 60%，这与实体经济在 GDP 中 80%以上的比重极不相符。

金融供给对产业创新支持不足。金融科技能够通过技术手段提升金融机构风险识别和管理能力，提升资金使用效率，为金融机构创新符合产业链特点和发展需要的金融产品提供技术支撑。我国金融科技发展相对滞后，适应我国市场和现代产业链发展需求的原创性重大金融科技成果极少，金融机构对企业的信用、盈利前景识别能力更多依赖从业人员的经验而非技术进步。同时，很多金融科技创新的目的在于通过对资本市场短期和超短期变化的把握赚取差额收益，其本质上是利用价格信号调整资本市场中的资金分配，对财富创造和实体产业发展并无助益。与之相对应的是适合硬科技创新的针对性金融服务产品和服务能力发展不足，使得我国许多科创企业不得不依赖国外资本市场，进而导致我国大量资本无法享受科创企业发展的红利。

金融供给配套制度建设不足。供应链金融对于产业链协同发展具有积极的作用，是我国金融产品的发展方向。但我国供应链金融规模较小，尚面临着许多发展制约因素。比如，供应链金融的基础设施和基础制度缺乏，以企业信用评价体系为例，目前央行的企业征信系统和商业信用认证并行，但总体上纳入的企业数量比较有限，采集的数据种类也不够丰富，尚不足以充分满足产业链中小型企业的融资需求。同时，我国尚未建立统一仓单制度，金融机构监控企业存货和交易情况难度较大，供应链金融适用性尚待提高。新冠疫情防控期间，我国广大中小企业资金链承压，产业链协同复工复产迫切需要核心企业和银行的支持以渡过难关，然而由于相关配套制度建设不完善，能够享受到供应链金融支持的中小企业为数不多。

（二）人才链与产业链结构性错配

人才发展存在"脱实向虚"倾向。一方面，制造业人才供给不足。虚拟经济回报高且工作环境优越，对实体经济就业形成挤压。2021年，北京大学硕士毕业生从事金融行业工作的占硕士毕业生总人数的22.88%，在毕业生所有就业行业中排名第2位。而以工科见长的清华大学，2017—2020年从事金融行业的毕业生维持在400~500人的规模，一直排在前3名。另一方面，生产性服务业专业人才缺口明显。生产性服务业是我国经济结构中增长较快、产业关联性较强、技术密集性较高的行业，对产业链发展具有重要影响。生产性服务业特别是其中的专业服务行业是典型的人才密集型、智力密集型行业。但我国在知识产权服务、咨询研究、财务管理、会计审计、人力资源管理等行业领域的人才培养不足，专业服务能力对产业链发展的支撑作用有限。

人才培养和评价体系对产业创新人才激励不足。高质量产业链需要与之相匹配的高素质人才链，然而我国人才培养和评价体系整体上仍然属于适配于传统工业时代的规模化人才培养模式，对产业创新人才的培养和选拔严重不足。在人才培养方面，我国从基础教育体系到高等教育体系，从学术教育到职业教育，都更偏重于知识记忆和理解的学习内容，对学生思维能力、创新能力和解决实际问题的能力培养不足，导致学、用严重脱节。在人才评价方面，尽管近年来以论文"论英雄"的局面有所改观，但对实践成果的评价仍然缺乏明确规范，"论资排辈""山头主义""圈子文化""近亲繁殖"等仍难杜绝，导致大批高素质的产业人才难以得到真正的认可。此外，青年人才往往是创新创业的主力军，但其获得的资源资助通常不足，抑制了青年人才的创新效果。

国外人才交流引进面临重重障碍。产业链发展不仅需要用好国内人才资源，也需要用好国际人才资源。但近年来，外国政府对我国人才交流活动设置了越来越多的限制。2019年，美国联邦调查局发布一份名为《中国对学术界的风险》的文件，宣称中国对美国学术界构成风险与威胁，要求美国高校提高对中国的防范意识。2020年，美国两名共和党参议员提交了一项《安全校园法案》，意图阻止中国学生获得赴美学习科学、技术、工程和数学（STEM）领域的签证。英国也以避免知识产权风险为由，表示将加强对外国学生在英国大学学习科目申请的审查。这些措施加大了我国与国际人才链的连接难度。

（三）资源链对产业链保障不足

传统能源安全风险不容忽视。随着我国经济发展壮大，国内传统能源安全问题日渐突出。主要表现在三个方面：一是供给安全。我国石油对外依存度不断提高，1993年为1.6%，2000年扩大到26.9%，2010年增至53.8%，2021年则达到72%。同时，我国天然气对外依存度增长也比较快，2021年达到了42%。未来，我国不仅面临各国不断增长的能源需求的竞争，现有国际能源资源格局的多变性或对我国能源海外获取带来较大风险。二是价格安全。石油、天然气等产品的定价权仍掌握在西方发达国家手中，国内期货交易所虽然推出了原油期货品种，但对价格的影响力仍无法与WTI原油和布伦特原油相比。三是通道安全。我国四大油气能源通道已经布局成型，分别是海上油气进口通道、东北中俄油气管道、西北中亚油气管道和西南中缅油气管道。海上通道是目前石油进口的主要通道，但我国近九成原油运输交由国外油轮船队承担，这些油轮大都经由马六甲海峡，使我国与主要大国的博弈日趋复杂，不确定性风险较高。[①]

（四）产业链生态开放性不足

国外企业巨头构筑高门槛封闭型产品生态对我国形成遏制。在国际产业链格局中牢固把持生态位的巨头企业往往构筑了具有较高门槛和封闭性的产品生态，对配套企业形成牢牢锁定，并对后进入的企业形成规则压制。我国企业往往被动依附于国外企业的产品生态当中，缺乏产业链引领能力。在消费电子领域，苹果公司打造的苹果产品生态、微软和英特尔联手构筑的 Wintel 系统、谷歌和 Arm 公司构建的 GooArm 联盟等都是庞大软硬件产业链生态体系，形成了极具影响力的产品生态霸权，支撑美国电子信息产业长期占据世界领先地位。以 Wintel 为例，在 PC 时代 Wintel 代表着一个固定的硬件结构、系统软件和应用软件紧密配合的联合体，微软和英特尔共同定义了各类软硬件的基本标准和接口，其他企业难以介入其核心业务，开发应用软件也必须遵循二者规定的一系列开发准则规范。再以高通为例，高通被我国反垄断部门认定存在滥用市场支配行为，原因在于高通将许多专利打包出售，销售标准必要专利产品同时搭售非标准必要专利产品，还要求用户签订不得挑战、诉讼高通公司商业模式的协议。我国企业在其产品生态中被迫承担了高昂支出。在基础软件领域，国外巨头公司的生态霸权同样对我国构成威胁。例如，MATLAB 软件是基础性的商业数学以及科学计算仿真软件，为全球工程师和科学家所通用。美国政府将北京航空航天大学、哈尔滨工业大学、哈尔滨工程大学等高校列入实体名单，MATLAB 对这些学校的相关授权被迫中止，对教学科研工作造成重大影响。再如，EDA 软件是芯片设计领域的重要基础软件，可以高精度模拟从芯片设计、验证到生产的全过程。2022 年 8 月，美国商务部出台禁令，禁止向中国出售用于芯片设计的特定类型的 EDA 软件，将对我国芯片产业链安全造成了

---

① 陈江生，丁俊波. 当前我国能源安全面临的挑战及应对. 中国党政干部论坛，2020（7）：67-70.

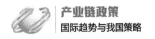
巨大冲击。

　　国内部分龙头企业也存在产品生态封闭性问题。国内部分龙头企业为巩固其行业控制力，制定了一系列严苛的供应链选拔标准和条件要求，这些标准和要求本身无可厚非，但选拔结果往往是与这些龙头企业有关联的企业才能中标中选。这导致真正有创新能力的企业和创新产品难以进入这些龙头企业的供应网络，不仅不利于增强龙头企业及其产品生态的竞争力，也减少了其他企业的发展机会。

加快构建我国产业链政策体系

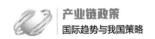

应对产业变革和国际产业发展新变局，系统性解决我国产业链发展面临的重大问题，需要从经济社会发展全局高度谋划建设产业链政策体系，聚焦关键节点发力，统筹"国内外"联通、促进"上下游"畅通、鼓励"大中小"融通、引导"创才金"相通，推动产业链价值升级，形成协同联动的发展合力，以强大的产业链生态竞争力保障我国产业链自主可控和安全高效。

一、聚力"点上突破"：加强产业链关键节点补短锻长

聚焦对全产业链乃至产业链体系是具有重要影响的关键环节，通过产业链节点政策精准发力，补齐产业链短板弱项、强化长板强项。

（一）聚力攻关产业链关键短板

从我国工业产业发展实践来看，产业链短板主要集中在基础领域的关键核心技术、设备和材料等方面。这些领域往往属于市场失灵领域，或者因技术难度大、产用迭代周期长等原因，导致企业积极性不高。

要构建材料-设备-工艺集中攻关、互为支撑的竞争力链条，促进基础领域整体提升。关键核心技术重大攻关突破需要从研发、设计、制造到应用全过程和材料、工艺、加工到装配各环节的产业链上下游技术能力和产业水平的整体提升。因此，要充分发挥政府与企业协同创新的新型举国体制优势，统筹规划关键短板领域涉及的材料、设备、工艺等各板块攻关进程和技术发展路径，通过政府投入资源调整引导科研力量和企业力量在关键短板领域的各维度上均衡发力，起到互为支撑、相互促进的作用。定期对关键短板领域的材料、设备、工艺技术发展情况进行评估，对于限制协同突破的关键点位及时增加支持，集中力量攻关，促进单点突破，以对整条产业链发展起到辐射带动作用。关键短板协同创新示意图如图 6-1 所示。

注重需求侧激励，鼓励基础领域企业积极参与整机产品的技术研发，实施联合攻关，促进产用迭代。产业链政策要以尊重企业创新主体地位为基本前提，重点解决企业协同攻关存在的体制机制障碍和企业间的信息—利益壁垒等，推

动企业在商业连接中形成创新资源和创新行为的连接。在协同攻关项目中为基础企业特别是中小企业设定专门的入选标准，保障技术实力强或有"独门秘籍"的中小企业能够有效参与到协同攻关中。在首用保险机制的基础上，逐步丰富对多次迭代升级、推广应用等激励方式，鼓励产用联合体共同申报重大项目，在政府采购中丰富"使用"要求的维度，用突破性使用记录、优质企业使用记录、产用迭代次数等评价标准替代使用次数的标准。

图 6-1　关键短板协同创新示意图

（二）加力锻造产业链优势长板

产业链长板是指能够在全球产业链竞争中形成领先优势的关键技术和产品，是我国参与国际竞争、打造非对称竞争优势的关键。

支持优势企业强化国际标准和规则的引领能力。长板技术和产品需要塑造对国际标准的影响力和主导力，产业链政策一方面要协助企业解决国内标准制修订和知识产权保护面临的体制和机制障碍，帮助企业在国内率先推行长板技术和产品标准，另一方面要着力解决国内标准向国际标准转化过程中面临的国际力量阻挠、干扰的问题，通过加强国际标准化组织话语权，推动改革国际标准制定程序等方式，方便我国长板标准走向国际，不断扩大我国标准的影响力。

专栏 6-1　5G 控制信道 eMBB 场景编码方案标准领导权助力我国 5G 产业快速发展

　　当第一代移动通信兴起时，我国的技术和产业都是空白的，进入第二代移动通信 GSM 的时候，我国才逐渐开始跟随发达国家的发展脚步。经历过"3G突破"和"4G同步"的积淀后，在 5G 发展之初，我国逐渐具备争夺国际标

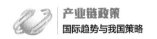
准制定权的可能性。2016年，进入5G编码候选技术最终争夺的有3个方案：美国以高通领队主推LDPC，法国主推Turbo2.0，中国则以华为为首主推Polar Code（极化码）。三大技术方案竞争异常激烈，最终，华为公司的提案共得到了59个公司的支持，国际移动通信标准化组织3GPP确定将Polar Code作为5G eMBB（增强移动宽带）场景的控制信道编码方案。虽然这次胜利只是参与5G国际标准制定的万里长征第一步，但鼓舞了产业发展的信心。2022年5月17日华为高级副总裁蒋亚飞称，华为5G基站出货量已超过120万个。这意味着华为5G基站的全球份额已经超过50%。同时，2022年我国5G基站总量达到231.2万个，占全球比例超过60%。5G领域的产业优势有力支撑了我国产业数字化和数字产业化的发展。

积极培育新产品、新技术应用场景，促进长板新产品的市场化应用。鼓励企业将优势长板技术和产品与乡村振兴、健康中国等国家战略需求和"一带一路"、全球发展倡议等合作倡议需求对接，在落实战略任务的过程中创造丰富多元的技术和产品场景需求。将国家战略和倡议所面临的经济、社会、生态和民生难题以"国家命题"的形式发布，引导企业使用长板技术和产品，提供系统解决方案，实现企业长板市场拓展、国家资源使用效率优化、发展难题化解突围的"一举三得"。推动企业在"一带一路"多元市场中培育长板技术和产品的适应能力，提供适合当地的技术和产品解决方案，促进长板领域国际影响力的提升。

二、强化"链上协同"：促进产业链各环节连接融通

（一）统筹国内外产业链布局联通

当前我国正加速构建以国内大循环为主体、国内国际双循环相互促进的新发展格局，应当抓住宝贵的历史时机，加速建设国内产业雁阵结构，加强国内国外产业链联通互动和对外产业链布局，在全球产业链治理中发挥更大的作用。

1. 加强国内产业梯次布局和协调联动

打造产业梯次分工的国内雁阵结构。雁阵结构原本用来描述国际的产业分

工。近年来，我国已发展成为全球第一大制造业国家，形成了完备的产业体系。要发挥好这一优势，同时充分利用我国地理上的战略纵深特点，引导各地按照资源禀赋发展优势特色产业、加强产业梯次协作，构建国内产业雁阵结构，促进区域协同发展。具体来说：东南沿海承担"头雁"职能，引领产业链升级方向，为其他区域提供产业需求和消费市场；东北地区和中部地区承担"翼雁"职能，利用既有的产业基础和不断发展的产业支撑能力，一方面实现自身发展突破，另一方面支持东南沿海工业高质量发展；西部地区承担"尾雁"职能，利用丰富的资源优势，为"头雁""翼雁"产业区提供强大资源保障。同时，雁阵分工应根据发展阶段、国际局势等情况动态变换调整，雁阵不同角色间既要形成稳定的分工协作机制和利益平衡机制，又要练就强大的角色转换意识和能力，通过集体协同的力量共同建设面向全球竞争的产业链体系。

建设一批发展基础雄厚、产业特色突出、行业影响力大的优质产业集群。在长三角、京津冀和粤港澳大湾区三大增长极地区，培育和发展一批具有全球影响力的战略性新兴产业集群和先进制造业集群，建设高水平的技术创新策源地和产业孵化基地，形成对国内其他地方产业链的强大带动效应。对于产业发展基础较好、区位交通优势明显、发展潜力较大的中等城市，建设形成错位发展、特色突出、与三大增长极产业群联动的产业集群，打造多层级支撑阶地。要加强政策突破，着力解决资源要素跨区域流动限制，增强不同产业集群间的交流协作。

多措并举加强国内统一大市场建设。从要素角度，要加快生产要素市场化改革，逐步提高地方土地配置自主权，采取弹性年期供应等形式，优化产业用地供应方式；畅通劳动力和人才社会性流动渠道，以人的流动带动信息、技术等资源的优化配置；加快完善数字基础设施和数据制度规则体系建设，构建全国性数据市场。[①]从市场角度，要最大限度消除国内市场在地理上、产业上、经济形态上的各种保护主义限制，进一步激发14亿人的市场消费潜力。要加强对行政垄断的执法工作，坚决查处阻碍国内大循环畅通、增加内循环制度性成本

---

① 任继球. 世界工厂的挑战与应对:基于英美制造业的比较研究与启示. 全球化，2021（3）：68-85.

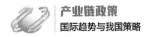

的行政垄断行为。要完善各级政府的政策文件公平竞争审查机制，从源头杜绝行政垄断和不当干预市场竞争问题。

2. 促进国内外产业链全方位联通

构建新发展格局，要求我国产业链要与国际市场上的各类资源、要素、制度保持全方位、高质量的联通。我们认为，国内外产业链全方位联通包含五个维度。一是要推动人才和技术在国内和发达经济体间双向流动，不断增强我国与发达经济体产业联系的强度和韧性。二是要前瞻性布局非洲和西亚、东欧等区域，充分利用其能源和矿产资源，保障我国能源资源供给稳定。同时，我国在这些区域的开发、生产、经营行为要有利于当地的经济发展和民生福祉，提升这些区域国家及人民对我国的认可度。三是要将我国成熟的产能、商业模式和制度向东南亚、南亚等区域转移和推广，扩大以我国为主体的东亚制造业网络的经济纵深。四是要加强与新兴市场国家的规则和数据双向交流，共同构建新产业、新技术和新模式的规则、规范和标准，共同推动对数据等新型生产要素的开发和利用。五是要加强我国产品、企业和资本与主要消费市场的双向互动，增强我国在主要消费市场的影响力。国内外产业链全方位联通示意图如图 6-2 所示。

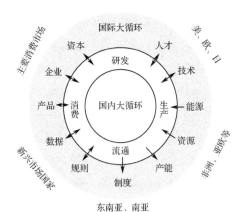

图 6-2 国内外产业链全方位联通示意图

资料来源：赛迪研究院绘制

标准规范有序对接是国内外联通的重要制度基础，要持续推动国内标准升级并与国际标准有序对接。一方面，对照国际标准可以不断提升国内标准水平的一致性程度，并严格按照高标准进行产品生产，提高生产供给与国内消费需求的匹配能力，留住国内中高端消费能力；同时能有效消除贸易壁垒、助力内贸企业顺畅参与国际竞争。另一方面，积极推动我国各方参与国际标准化活动，支持国内优势行业、领域标准积极向国际转化，提升我国在国际标准工作中的参与度和话语权。

充分发挥自贸试验区等开放平台的对接引领作用。自由贸易试验区等开放平台是我国加强与国际市场对接联通的重要机制，能够有效地减少制度阻碍，吸引外部经济要素进入，并通过这些外部经济要素加强与外部国家的经济连接，更深度地融入全球产业链。要高水平建设一批对外开放平台，需要持续优化外商投资环境，简化外商投资负面清单，重点引导外资投向高端制造业和生产性服务业。[1]自贸试验区要承担为深化对外开放开展先行先试、为对接高标准经贸规则进行压力测试的历史使命，探索创新并复制推广有益的新制度、新规则。

3. 因地制宜加强对外产业链布局

人类历史上已经发生了四次产业大迁移，目前正在发生的中国部分产业链环节向东南亚、南亚及非洲国家迁移，被很多人认为是世界经济史上的第五次产业大迁移。我们需要顺势而为，一方面构建中国在产业链上新的竞争优势，另一方面通过对外产业布局，将更多国家接入我国产业链网络，加强我国与世界的产业联通。

对外产业链布局要把握四个原则。一是筑牢产业链安全底线。关键核心技术和环节要牢牢把控，涉及国民经济命脉的重点行业要在国内保持足够稳定的规模。二是有规划地编辑产业链。统筹全球要素分布和产业链情况，根据不同国家的资源禀赋和文化社情，定位合理的产业链环节。三是努力帮助后发国家实现工业化。工业化是经济繁荣、社会稳定的重要基础，帮助更多国家实现工业化有利于提升人类命运共同体整体福祉，是我国承担国际责任的重要体现。四是要加强多元主体力量协同。不同性质的企业、不同社会主体以及政府的力

---

[1] 路红艳，林梦. 提升产业链供应链现代化水平的路径. 中国国情国力，2021（3）：23-26.

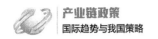
量在对外产业链布局时要协同发力，避免相互掣肘、力量耗散。

我国对外产业链布局要分区施策，针对东南亚、南亚、日韩、非洲、欧洲和美国等不同国家和地区，采取不同的产业链布局策略。

对东南亚布局，主要采用能力叙事，通过将中国市场上成熟的生产能力和商业模式迁移到东南亚市场，开拓中国企业在海外的发展空间。我国实体经济企业和数字经济企业在东南亚市场已经有大量的开拓经验，对当地的经济政治社会情况等比较熟悉，业务推广比较顺利。在《区域全面经济伙伴关系协定》生效后，我国企业在东南亚市场迎来了更大的发展机遇。我国应更加注重加强出海东南亚的产业链与国内产业链间的联系，进一步减少产业链各环节和产业链间衔接的制度性阻碍，加强产业链连接通道建设，稳步推进制度和标准衔接，与东南亚国家一同寻求共赢发展的新局面。

对南亚布局，主要采用市场叙事，发挥我国超大规模市场优势，与印度、巴基斯坦等国形成更紧密的经贸联系。南亚是具有极大发展潜力的新兴市场，如印度拥有 14 亿人口，是具有重要影响力的大国，经济体量按美元计算已位居全球第五；巴基斯坦拥有 2.25 亿人口和十分重要的地理区位。我国应充分挖掘双方合作潜力，与南亚国家积极开展产业链上下游合作，扩大对南亚国家的市场开放，促进东亚与南亚市场对接，通过市场的力量弥合政治和安全分歧，凝聚发展共识。

专栏 6-2　中印产业链合作增长空间广阔

中国与印度经贸关系发展迅速，2021 年中印双边贸易额达 1256 亿美元，同比增长 43%，高于对东盟（28.1%）、对欧（27.5%）和对美（28.7%）的增速。中印两国具有较强的产业合作潜力，未来发展空间广阔。在贸易领域，中印贸易结构互补性强，具有深化经贸合作的基础。2020 年，我国从印度进口的产品结构为：初级产品占比 38.73%、劳动密集型产品占比 32.49%、资本技术密集型产品占比 28.74%；而我国对印出口的产品结构为初级产品占比 1.46%、劳动密集型产品占比 26.38%、资本技术密集型产品占比为 72.10%，反映出两国在资源和劳动密集型产品与资本和技术密集型产品间贸易互补优势明显。①在投资领域，跨国公司供应链转移或增强中印产业链连接。随着国际产业链调整重塑，苹果等国际巨头公司加强了在印度的产业布局，而我国产业链已经与这些国际巨头公司深入绑定，国际巨头在印布局客观上会促进我国产业链与印度产业链的连接，扩大中企与印企合作的范围。

对日、韩布局，主要采用创新叙事，要加强日、韩的研发创新资源与我国完善的产业链体系的连接，催生更多新产业、新模式。日、韩作为成熟的发达市场，创新资源较为丰富，是我国产业链升级的重要外部支撑。例如，在半导体领域，中国对日本、韩国和欧洲专利引用占比分别为5.4%、0.5%和1.3%；在航空航天领域，中国对日本、韩国和欧洲专利引用占比分别为 8.3%、1.0%和2.1%；在新能源汽车领域，中国对日本、韩国和欧洲专利引用占比分别为7.2%、0.6%和1.3%。②应通过国际研发项目合作、产能合作和人才交流等形式支持我国产业链与日韩创新链合作，发展壮大在日、韩本土市场及全球市场都具有广泛需求的芯片、新能源汽车等战略性新兴产业。

对非洲布局，主要采用治理叙事。非洲是一块生机勃勃的大陆，我国的产业发展模式和产业治理经验可以在非洲推广。非洲大陆在殖民统治过后留下了许多治理问题和发展空白，政局不稳、部族冲突和社会动荡是非洲产业发展面临的巨大挑战，因此对非洲产业链布局需要优先关注治理问题。在基础设施援建之外，我国应加紧在非洲建设产业链发展试验区和样板项目，推广产业发展经验，通过试验区经济发展成果增强当地民众的获得感，并帮助有意愿的非洲国家提升产业治理能力。通过试验区建设带动优化所在国产业生态环境，为我国和所在国进一步开展产业链合作奠定良好基础。

专栏6-3 中非十大合作计划为非洲产业发展提供新动力

2015年12月4日，习近平主席在中非合作论坛约翰内斯堡峰会开幕式上提出，同非方重点实施"十大合作计划"，并提供600亿美元的资金支持。

---

① 王智勇，胡祎黎. 新冠疫情冲击下的中印经贸合作——基于产业链重构视角. 印度洋经济体研究，2022（1）：101-125.

② 许浩. 提升产业链供应链现代化水平路径研究. 商业文化，2022（15）：38-39.

> "十大合作计划"具体包括中非工业化、农业现代化、基础设施、金融合作、绿色发展、贸易和投资便利化、减贫惠民、公共卫生、人文、和平与安全等合作计划。合作计划覆盖经济、社会等多个领域，显示出中非合作的全面性和务实性，能够有效加强非洲自身治理能力，为非洲产业发展提供坚实基础。以中非工业化合作计划为例，2018 年商务部数据显示，中国在 16 个非洲国家共投资建设了 25 个经贸合作区，累计投资超过 60 亿美元，在非洲本地为非方培养超过 20 万名各类职业技术人才，在华培训超过 4 万名非方官员和技术人员，助力非洲产业发展与能力提升。至 2021 年，我国连续 12 年成为非洲第一大贸易伙伴国。

对欧盟布局，主要采用绿色叙事。欧盟内部有非常强大的绿色环保力量，对产业链绿色发展高度重视，因此中欧产业链合作可以围绕绿色主题展开。我国要注重对欧布局的全产业链减排降耗，适应欧盟绿色化转型要求，加强产业链碳管理能力，争取在欧盟不断加码的碳约束下获得更多的产业链合作机会。特别是当前欧洲饱受能源危机困扰，中欧绿色能源产业链合作发展前景巨大。要加强绿色能源设备生产和设施建设领域的合作，特别是加强储能技术研发和产业化合作，促进新能源对传统能源的替代，帮助欧盟应对能源危机，同时也为我国能源转型积累技术和产业基础。

对美国布局，主要采用就业叙事。美国国内就业问题是美国各届政府的绝对优先事项，因此要重点开展能够有效解决美国就业问题的产业链合作。目前，美国失业问题主要出现在传统工业地区的工人群体和底层民众，尤其是少数族裔身上，除了美国产业发展阶段和生产成本问题外，还叠加了工会势力庞大、法律制度复杂等问题。对美产业链布局是一项综合要求很高的工作，需要深入研究美国经济和社会实际情况，巧妙化解相关矛盾风险。

（二）促进产业链上下游循环畅通

产业链上下游连接畅通稳固是经济循环畅通的基础，也是产业链政策的重要着力点。要有针对性地运用产业链政策工具解决产业链上下游对接中的关键问题，加强信息连接、物理连接和商业连接，推动上下游企业协同协作，促进产业链全链条循环贯通。

1. 用好政府和市场两种力量促进供需信息匹配

用好政府和市场两种信息机制，完善信息供给体系，促进产业链上下游信息交互和对接，提升上下游企业间协同发展水平。信息连接是上下游连接的基础，政府可以通过市场上的价格、交易量等信号判断产业链其他环节的供需情况；但市场信号是受复杂因素影响的，反映的信息多种多样，政府得到的信息与市场真实情况存在偏差，且还存在广泛的信息不对称问题，因而需要同时发挥好政府和市场的信息传递作用，促进产业链上下游的信息连接。一方面是挖掘政府信息资源，运用大数据技术将各方面的统计信息和政务信息等进行综合汇总分析，整理出有助于市场主体行为决策的信息，建立制度化信息发布机制，减少上下游企业间的信息不对称，促进上下游供需对接。另一方面是鼓励专业数据和信息分析机构，在安全合规的前提下调取政府信息，并结合市场信息，研发推广信息产品，丰富高质量信息供给。

完善商业信用体系建设，构建品牌协作机制，促进上下游信用互认，降低交易成本。信用互认是达成交易的重要前提，是促进上下游循环畅通需要解决的关键问题。要持续推动我国商业信用信息的采集、处理、调用机制建设，提升商业信用体系的可信度和便利度，提高企业使用商业信用信息的意愿和意识，并通过上下游企业广泛地使用和参与共建，不断迭代完善商业信用体系。引导地方构建形式多样的地域品牌和产业链品牌，打造特色鲜明、认可度高、标准完善的品牌协作体系，通过集体品牌强化本地企业和链上企业的市场知名度、认可度和可信度，降低上下游协作成本。鼓励本地企业和链上企业不断丰富品牌资源，促进上下游信息资源整合共享、协作共赢。

2. 完善传统、新型两类基建，加强物流、数据流联通

完善传统和新型两类基础设施建设，加强上下游物流、数据流联通。基础设施的联通和物流管理水平的提升对于产业链全链条循环贯通具有非常重要的意义。在传统基建方面，要持续推动传统基建通过数字化改造等方式升级，提

高传统基础设施的服务效率和质量，进而促进产业链各环节联通和效率提升。要进一步加强传统基建与产业发展规划和建设的协同性，保障基建与产业同步升级。在新型基建方面，要加快 5G 基站建设、大数据中心等新基建建设，支撑产业链升级不断增长的对新型基础设施的需求，促进产业链数据连接。数据连接在许多场景下拥有比物理连接更高的效率和更丰富的连接方式，能够更有效地促进上下游协同协作。要加紧推动新基建标准规范建设，保障基础设施之间的互联互通，提升数据流动和连接效率，促进产业链上下游联通。进一步深化"制造+物流"的融合发展，推动工业互联网和物流互联网平台融合发展，提高制造业和物流业信息匹配与对接效率，提升制造业物理智能化管理水平。鼓励物流企业发展与制造业转型升级相适应的一站式物流解决方案，降低制造企业的综合物流成本。[1]

3. 加强应用场景和专业组织建设，牵引企业协作

以市场应用场景建设促进上下游企业商业连接，提高连接的稳定性和自组织性。市场应用是检验创新的重要环节，解决市场应用问题是解决创新问题的关键，市场应用场景建设有利于带动上下游企业建立自我驱动、自我组织的商业连接，牵引上下游企业协同创新。一方面，要通过政府采购、国有企业采购、试点示范应用等方式，创造市场需求和试点应用场景。要完善政府和国有企业采购创新产品和国产产品的采购和监督管理机制，消除相关决策者的采购和使用顾虑，并通过首台、套首批次等多样化的风险分担机制，降低决策风险，扩大市场应用场景范围，促进新产品的市场化应用，进而牵引上下游协作，提升创新产品数量和质量。另一方面，促进产业链应用需求转化，面向政府部门、产业园区、国有平台公司、数字经济中小企业定期收集场景建设需求信息，聚焦细分行业共性需求，帮助下游找上游，帮助上游找下游，不断提升需求牵引协作的效能。

以专业市场组织建设促进上下游协同的市场化运作，发挥组织连接的专业性和专门性优势。在现代产业体系中，产业链上、中、下游分工高度细化，政

---

① 唐艳，张庆. 全球产业链重构对我国制造业的影响. 企业管理，2021（5）：11-15.

府部门对这种分工的逻辑和具体细节所知有限，专业化的市场组织作用越发凸显。发展专业的产业链服务组织，为产业链上企业提供行业咨询、资源对接、交易撮合、交易保障等服务，通过专业能力和市场经验促进上下游企业对接协作。建立畅通的专业市场组织与政府部门的沟通渠道，使有关部门及时了解掌握产业链上下游连接和协作所面临的阻碍和难题，提升产业链政策的针对性和有效性。要加强产业链相关专业研究，发展一批专业产业链研究机构，加强对产业链的前沿领域和最新趋势的研究，通过举办论坛、会议、沙龙等方式，推动产业链相关领域的学术交流和研究，形成独立自主、本土化的产业链理论和实践成果，促进相关制度机制的完善。要加强产业链服务专业人才的培养和交流，通过组织培训、技能认证、学术交流等方式，提升从业人员的专业水平，提高整个产业链服务业发展水平，进而促进企业协同发展。

（三）加强大、中、小企业联动融通

企业是产业链的主体，产业链政策需要聚焦企业发力，针对不同企业类型因企施策，要着力培育产业链核心的"链主"企业，提高"链主"企业的带动性和竞争力，加大力度建设"专精特新"中小企业队伍，促进大企业与其他企业的连接协同，推动形成大、中、小企业融通发展的良好局面。

1. 强化"链主"企业的生态引领能力

加强政策引导和市场竞争，激励供应链长、影响力大、技术实力强的龙头企业成长为产业链"链主"。"链主"企业对产业链发展的高度、速度和质量具有影响能力，是产业链的核心，因此，"链主"企业是产业链政策的重点作用对象之一。要通过多样化的政策手段激发"链主"企业的意识和潜能，使"链主"企业承担起带动产业链发展的重要职能。一方面，要支持"链主"企业长远谋划所在产业链未来发展方向和路径，瞄准国际前沿和竞争高地，调动各类市场资源和非市场要素，借助全球产业链布局调整的契机，占据产业链关键生态位，建设自主可控、治理有序、分工协同的产业链格局。另一方面，要有效规范"链主"企业的市场行为，使"链主"企业能通过适度的产业资源整合，提高产业

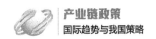

集中度和上下游协同度，但不能挤压、侵占链上企业生存和发展空间，或限制、打压其他企业选择的技术路线。通过正反两个方面的作用力，塑造"链主"企业的带动性，推动"链主"企业始终在有利于整条产业链发展的轨道上行进。

着力提升"链主"企业的全球竞争力。"链主"企业是整条产业链的代表，必须将对标目光投向全球最高标准和最先进代表。一方面，要鼓励引导"链主"企业调动产业链内外资源，引领产业链与国外同行展开高水平竞争，既要竞争成本、规模，也要竞争技术水平、产品品质和标准规则。通过参与甚至引领全球产业链竞争，在竞争中求生存、求发展，锻造真正有内生动力和强大韧性的产业链。另一方面，鼓励"链主"企业充分利用国际创新和产业资源，在开放中求发展、塑造竞争力，通过绿地投资、联合研发、设立基金等手段，支持全球的技术资源和人力资源发展，同时为世界创造新的发展动能，更加深入地嵌入全球产业链体系。①

2. 培育壮大"专精特新"中小企业队伍

建设完善"专精特新"中小企业梯度培育体系。"专精特新"企业是产业链上的关键节点，起着中流砥柱的作用。在"十四五"期间，我国计划培育一百万家创新型中小企业、十万家"专精特新"中小企业、一万家专精特新"小巨人"企业，形成更加具有创新、创造活力的"专精特新"中小企业队伍。要持续完善政策法规体系，积极做好"专精特新"中小企业梯度培育工作，激发涌现更多创新能力强、专业水平高的中小企业。一方面是发挥中央和地方不同资源优势，分级培育"专精特新"企业，既保障培育支持的强度，又保障发现选拔范围的广度。另一方面是建设形成"专精特新"有序竞争、动态发展的局面，入库企业不是招牌，不是一成不变的，要根据产业链和企业发展的情况及时做出动态调整，加强对于入库企业发展的引导和管理，使梯度培育体系真正符合产业链和企业发展需求。

全方位助力"专精特新"中小企业能力提升。鼓励"专精特新"中小企业立足本领域不断深耕，聚焦产业链核心环节技术难题，加大创新攻关力度，支

① 邹治波，赵远良，张淼，等. 世界秩序与中国方位. 北京：中国社会科学出版社，2020.

撑产业链升级。"专精特新"企业培育工作既要重视保护和加强企业能力长板，同时又要着力解决制约企业长远发展的关键能力短板。在拉长长板方面，要加强"链主"企业与"专精特新"企业协同，为企业长板能力寻找或者创造市场需求，促进不同"专精特新"企业连接，强化"专精"与"特新"互动，激发长板能力迭代发展。要加强对企业长板能力的知识产权保护，让企业在长板领域专心放心深耕。在补强短板方面，推进短板弱项能力提升工程，针对"专精特新"企业共性弱项推出通用解决方案。重点提升企业的管理能力，帮助企业完善内部治理架构，加强合规管理，结合市场需求，提升工业设计、品牌建设、数字化管理等能力，助力"专精特新"企业长远发展。

针对"专精特新"中小企业开展精准化服务。"专精特新"中小企业的发展路径、发展节奏和发展动力与传统企业有一定差异，企业对于公共服务和政务服务的需求也有所不同。"专精特新"中小企业较多的地区已经探索出了许多优秀的精准化服务案例。例如，有的地方推出"服务券"模式，"专精特新"企业可以凭券获得相应的公共服务，保障服务传递的针对性和财政资金使用的专门性。要推广各地有益的精准化服务探索方式，同时鼓励各地继续试验试行更丰富的公共服务形式。针对"专精特新"中小企业的重点服务包括：一是科技研发服务，这是"专精特新"企业需求量最大的服务之一，要建立专门的"专精特新"企业科技服务机制，建设适合服务"专精特新"企业的科技大平台，协同相关科研资源，为企业提供共性技术服务和咨询服务，并推动"专精特新"企业在平台上进行技术交流合作。支持"专精特新"中小企业参与国家重大科技攻关工程，推动国家重大科研基础设施向"专精特新"中小企业开放。二是金融服务，针对"专精特新"企业的投融资需求特点，开放专门的"专精特新"金融产品，设定专门的评价考核机制和信贷额度，保障"专精特新"企业不同发展阶段资金使用的连续性和便利性。三是国际化服务，助力企业链接国际平台、国际知名创投社群等资源，举办具有全球影响力的"专精特新"创新大赛、博览会、贸易会等活动，并为企业出海提供一站式服务解决方案，帮助企业融

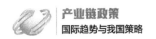

入全球产业链。①四是政务服务，在用地、用能、用工等方面加强对"专精特新"中小企业的精准支持，提高"专精特新"中小企业特有和常用政务服务事项的效率，开通专门的服务机制和服务通道，完善政策支持体系，为"专精特新"中小企业营造良好的政策环境。

3. 促进大企业、核心企业、配套企业协同发展

建设畅通的"链主"需求传递机制。"链主"企业是市场需求的风向标，应在大企业、核心企业、配套企业间建设完善的市场需求传递传导机制，形成以需求为导向的企业协同机制。引导"链主"企业开拓多元化的产业链连接耦合机制，除常规的串联耦合外，可在适当环节引入并联耦合机制，增强产业链连接多样性，同时增强产业链稳定性。"链主"企业要发挥产业链上价值分配的重要作用，明确产业链升级和加强的重点环节，对产业链不同环节提出不同的需求，促进核心企业和配套企业加强与"链主"企业发展方向和发展力量协同。要引导"链主"企业合理分配国内、国外需求，有利于国内产业链升级的需求要更多留在国内，能够吸引国际优质产业资源和发挥区域国家比较优势的需求则可以向国外传递。"链主"企业要高度重视研发和推广产业链智能管理系统，协调产业链上其他企业的生产经营活动，加强产业链管理，促进柔性生产和敏捷制造的发展，提升整条产业链的协作效率。

（四）引导产业链—创新链—人才链—资金链融合相通

当前和未来的产业链竞争关键在于产业链生态的竞争，产业链可能面临的发展问题很多都需要通过优化产业链生态来解决。要着力推进产业链与创新链、产业链与人才链、产业链与资金链连接协同，构建富有活力和竞争力的产业链生态。

1. 促进产业链与创新链深度融合

促进产业链与创新链深度融合发展。产业与科技"两张皮"的问题有现实因素和机制原因，需要驰而不息、久久为功地对抗这些因素的影响。一是要使

---

① 曹宝林等. 如何培育数字经济专精特新"小巨人"企业. 成都日报，2022-9-26.

产业链需求与创新供给之间的连接畅通，通过政府目录指导、专业机构搭桥、人员交流互动、协同项目攻关等多种渠道方式，促进供需信息对接，完善利益分配和传导机制，让市场需求顺利转化为创新导向，促进多元主体协同创新。二是将共性技术平台作为产业链关键节点建设，瞄准产业链前沿发展需求，建立一批集基础设施、专业设备、专业知识、工艺开发能力、工程制造能力等要素于一体的新型研发机构和科研共性技术平台。调动各类产业链和创新链资源支持共性技术平台建设，共同探索"死亡之谷"的新破解方法方案，创造适合中国国情和产业发展基础的"科创项目中心"模式。三是培育硬科技产业公地，围绕重大硬科技成果转化项目和产业链核心企业发展需要，量身打造集产业基础设施、创新基础设施、仿真测试能力、工程制造能力以及供应商于一体的产业配套体系[1]，打造产业链与创新链融合发展示范项目，推动重大创新成果推广应用。四是破除体制机制障碍，打通科技成果转化渠道，提高科技成果对产业发展的支撑。不断完善产业创新制度，因业制宜，采取"赛马""揭榜挂帅"等制度，调动科研人才特别是青年人才参与产业创新、解决工程实践问题的积极性。完善研发人员激励机制，对攻关项目产业化取得的收益要有足够比例去奖励研发人员，并将创新成果产业化效益作为人才考核评价和项目申报审评的重要条件标准。五是高度重视与未来生产模式变革相关的重大技术发展和产业化问题，如增材制造、开源设计等，要在这些技术对我国产业链体系优势产生重大影响前，提前布局这些领域的基础技术、基础工艺，抢占未来产业链发展先机。

建设完善的跨行业-跨企业技术交流机制。当下的重大产业创新越来越难以依赖单一技术突破、单一企业攻关甚至是单一行业发力，越来越体现出跨界融合的特征。我国既要着力应对技术"卡脖子"问题，坚持科技自主创新，又要全力挖掘争取各种外部技术资源，坚定连接融入全球技术链网络，加强我国产业链与全球创新链和产业链体系的双向交流互动。要着力提升在中国本土解决外国企业发展面临的难题的能力，增强外国企业来华发展的动力和信心。推动

① 贾敬敦，米磊，于磊. 硬科技：中国科技自立自强的战略支撑. 北京：人民邮电出版社，2021.

跨行业技术融合，促进基础产业和新兴产业基础通用技术向其他行业领域扩散，为新技术创造不同行业的应用场景，促进产品形态和商业模式创新。对新技术、新业态、新模式要坚持包容、审慎监管，为产业创新和技术创新留出足够的生长、迭代和规范发展的空间。创造更加丰富的企业融通发展和跨企业技术流动机制，鼓励围绕"链主"企业形成创新联合体，协同开展联合攻关和成果转化，发挥各类型企业的不同优势，开发生产更具全球技术竞争力的创新产品。[①]

2. 促进产业链与人才链深度融合

从产业侧和教育侧双向推动产教融合。产教融合是产业界和教育界的共识，存在广泛的市场需求。从产业侧推动产教融合，需要产业链上的优秀企业有长期的发展积累，拥有保障教育长期投入的实力和持续稳定的人才需求。产业链政策要加强产业界与教育界的信息对接，引导优秀企业深入挖掘本企业和所在产业链较长时间段内的用人需求以及具体的人才技能分解需求，并将之转化为学校招生专业名额分配的条件。支持企业在内部培养、选拔适合到学校交流任教的教育研究类人才，为对口学校输送第二导师团队，减少学生与产业界一线的距离，提升教育培养效果。要规范产业界和企业主体接受学生实践的形式、标准，以及教学实操、内容，保障学生的合法权益，着重培养学生解决多领域、多环节实践问题的能力，增强学生技能本领的可用性和通用性。从教育侧推动产教融合，要打破学术教育与职业教育之间的壁垒，发展面向产业需求的高等教育。推动学校在校园内部或周边挖掘空间潜力，建设众创空间、小型产业园区、产业孵化器等产教融合平台。除招引与本校优势专业相关的企业入驻外，也可以采取多样化的空间利用方式，促进产业资源在产教融合平台上集聚。加强对学生实习和实践教学的指导和管理，使学生重视实践知识、经验和能力。丰富实践型教学模式，鼓励学生了解产业实践问题，并利用学校和实验资源解决问题。

鼓励产业链重点企业与学校联合办学，发展多样化的"工学交替"模式，提高学校教育的实践能力和企业教育的理论水平。职业教育发展须与产业链发

---

① 史丹，许明，李晓华. 产业链与创新链如何有效融合. 中国中小企业，2022（2）：70-71.

展变革节奏同步，要不断探索丰富职业教育与产业链协同发展的模式。"工学交替"模式，既可以于在读期间交叉性进行理论和实践教学，学生定期在学校和企业间轮换学习，教师和工程师定期进行交流任职，也可以采取多段教学工作模式，让教学培训和生产实践更紧密地结合。要推动"工学交替"理论创新，完善"工学交替"模式的培养方案、教学计划、实践环节、考核标准等各类制度设计，让教学与实践有效互动互促，真正发挥"工学交替"的价值。鼓励产业集群所在地政府和学校、企业共同探索职业教育新模式，发挥各方的积极性，提升职业教育综合水平和产业链发展的后备人才竞争力。

以人为本培养多层次产业人才。以往的产业政策常将人力资源作为产业发展的保障要素，这主要是从产业视角看待人力资源，但在当下和未来，产业链政策和产业发展都要以人为本，要根据人才发展自身的规律特性，结合产业链发展需求，培养多层次产业人才队伍。要持续探索行业领军人才的成长规律和培养模式，促进领军人才涌现，建设有效的领军人才潜力发掘发现识别机制，以及针对不同行业特性的领军人才支持机制，促进领军人才能力和潜力充分释放。要发掘和培养青年人才，鼓励青年干部在重要任务岗位上历练，助力青年干部成长，挑起产业链发展的大梁。要关心爱护产业工人，完善产业工人各项生产生活福利待遇和权利保障，纠正部分领域存在的产业工人去技能化倾向，推动多类型的技能继续教育机制，帮助产业工人自身发展与产业链发展同步，提升他们对于本行业工作的认可度和满意度。

深化改革产业人才评价机制。人才评价机制对于人才发展成长和产业人才导向有着直接的影响。近年来，我国政府不断强调要改革人才评价制度和机制，要打破重学历、唯论文倾向，树立突出实绩、重视产业、倾斜一线的人才导向。要赋予"链主"企业、"专精特新"中小企业等重点企业以高级职称评审权，并推动高等院校、科研院所与企业的职称互认工作，让人才在企业中的工作经历和成就被学术界认可，方便人才在产业界和教育界双向流动。发展职业微证书系统，鼓励"链主"企业设计开发贴合本产业链实践需要的技能培训方案和认证标准体系，对于发展良好的职业微证书系统，要扩大推广范围和企业互认范

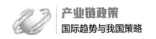

围，促进人才社会化评价机制建设，促进人才链与产业链发展协同。

3. 促进产业链与资金链深度融合

加强产业链金融创新，优化金融供给结构和制造业融资结构匹配情况。着力解决我国金融对产业链支持力度不够、支持模式简单等问题，不断丰富支持产业链发展的金融产品，满足产业链发展多样化的需求。一是继续发展创新装备、产品、材料、软件等首次应用保险等新险种，促进制造业创新产品的推广应用，通过便捷有效的保险机制，解决首次应用的难题，同时在部分领域将首次应用保险制度向下延伸到后续一定阶段的设备产品上，增强保险支持效果。二是完善各种类型的产业基金的设置、运营和监管机制，引导产业基金、公私募基金、天使基金等资本全方位对接产业链各环节多样化融资需求，为企业提供个性化资金方案和金融服务，并平衡金融机构与实体企业的利益分配，避免金融机构过度侵蚀实体企业利益。三是不断完善信用评级体系，加强信息披露，提高行业透明度。不断丰富信用评价系统的数据信息，逐步增加企业产品质量水平、技术水平、借贷情况、产品销售情况、利润率等要素。推动政府部门、金融机构、"链主"企业等主体共同探索构建多维度数字化、智能化信用评估和风险管理体系，利用企业经营数据、知识产权等无形资产为企业增信，保障中小企业融资需求。[①]

专栏6-4　广东省"智造之光"综合金融服务方案助力产业集群建设

2022年，为助力广东省培育若干具有全球竞争力的产业集群，广东省工业和信息化厅、中国建设银行广东省分行推出面向战略性支柱产业集群和战略性新兴产业集群（以下简称"战略性产业集群"）的"智造之光"综合金融服务，包括智造经营流贷、智造供应贷、智造研发支持贷等11种创新金融产品。如，智造经营流贷的服务对象为产业集群中存在日常周转资金需求的制造企业，融资金融不设上限，在核定额度之内根据制造企业的真实需求合理确定，采用信用方式办理，不需要额外抵质押，融资期限可达3年。智造小微快贷的服务对

---

① 国家产业基础专家委员会，中国工程院战略咨询中心. 产业基础年度发展报告（2021年）. 北京：电子工业出版社，2022.

象为产业集群中轻资产、缺乏有效担保、有中短期融资需求的小微企业，融资方式上为信用贷款，免抵押、免担保，额度最高可达 1000 万元，贷款期限最长 1 年。智造供应贷的服务对象为产业集群中具有技术优势的制造业龙头企业，以及为其提供原材料供应或产品销售、合作关系稳定、资金往来密切的上下游供应商、销售商。

通过"智造之光"综合金融服务方案，政府和金融机构能够更加精准地锁定产业集群中企业的各类生产经营需求，提供高效精准的融资服务。同时也能提升金融机构服务先进制造业企业的能力，减少金融机构资金风险，保障金融机构的利润和运营安全。

鼓励金融机构以"链主"企业为标准对上下游配套企业拓宽信贷业务，提供供应链金融服务。供应链金融是产融结合的重要形式，当前主要面临的问题是核心企业参与融资的积极性不高，其资金只能内部调剂、难以惠及供应链企业，银行从业者专业度不够、难以识别优秀企业和企业风险等问题。要不断发展专业化的供应链金融产品，提高金融机构服务人员专业水平，更好地结合"链主"企业和大企业的专业能力和信息优势，识别中小企业的信用情况、经营情况和融资需求。要完善供应链金融监管机制，明确监管职责分工，科学制定行业规范，健全风险管控机制，在风险可控的前提下，促进产业链与资金链融合发展。

三、推动"面上提升"：引导产业链高端化升级

伴随着国内外社会问题和产业问题的发展演化，产业链的价值取向越发受到关注和重视，因为价值取向不仅关乎产业链本身的发展方向和发展路径，也对社会、生态等领域有重大影响。结合国内外政策实践，我们认为数字化、绿色化、安全化是当前和今后一段时间内产业链政策的重要价值取向，也是产业链价值政策的主要内容。

（一）多维并进推动产业链数字化转型

产业链数字化是产业发展的必然方向，已成为产业链价值来源、价值实现、

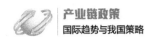

价值评价的重要组成部分。我国已经有了产业链数字化的良好基础，接下来要进一步发挥我国既有优势，从多个维度共同推动产业链数字化转型升级。

一是要加快工业互联网、新一代信息通信技术、人工智能、虚拟现实等数字化技术在产业链上的应用推广，推进产业链数字化加速发展。[①] 推动"链主"企业连同产业链上下游企业共同研发推广应用需求预测系统、自动排产系统、智能补货系统、分销管理系统，提高产业链透明度与可控性，建设具备资源集聚、供需对接和信息服务等功能的产业链平台。

二是要加强对产业链数据的分析利用和共享，破解产业链各环节之间数据连接障碍。发挥"链主"企业作用和数字平台优势，通过数据采集处理，精准分析产业链上下游的堵点和痛点，采用协同攻关、信息共享、资源优化配置等方式，协力解决产业链发展中的问题。着力推动工业、企业数据标准和数据接口统一化，加强数据互联互通和共享利用，进一步挖掘我国庞大产业链体系的数据优势。

三是要加快推进跨区域工业互联网建设。进一步丰富工业互联网生态，支持开发高水平通用型和专用型应用程序，不断提高工业互联网接入范围和接入速率，协调解决工业互联网建设中遇到的权利纠纷和制度障碍等问题，放大工业互联网的网络效应。通过工业互联网连接，探索国内产业链与外迁产业链、国外本土产业链协同发展新模式，强化连接紧密度，形成产业链上、中、下游高效循环。

（二）多力协同推动产业链绿色化转型

产业链绿色化是中国产业链和全球产业链的重大转型课题，推动产业链绿色化会面临各种各样的阻碍和问题，必须通过技术、制度、组织等多种力量协同应对。

一是要不断完善绿色产业链整体架构和顶层设计，明确不同行业领域、不同规模企业、不同代际技术的发展路线图和减排时间表，帮助行业和企业建立明确的发展预期，强化企业绿色化转型的信心和决心，同时凝聚全社会的经济和社会资源，共同推动产业链绿色化转型。

二是要积极开发产业链绿色发展关键共性技术，广泛调动创新、人才、资金等各类要素资源，开发和推广应用节能节水设备和产品、绿色制造工艺和模式、清洁生产和循环利用新模式，着力开发绿色转型通用技术解决方案，为产业链绿色化提供坚实技术支撑。

三是要建立完善的生态产品交易机制，加快发展碳排放交易市场，扩大碳交易行业领域，完善碳排放计算、交易和管理规则，激发企业减排和参与碳排放交易的积极性。推动产业链上下游协同，推进绿色化发展和节能减排，建设科学合理的上下游生态补偿机制，鼓励"链主"企业协同上下游企业，以全生命周期视角，开展绿色供应商管理、绿色采购。[1]

四是要加强全产业链节能环保监督执法，完善节能环保法律制度，不断细化各条产业链具体生产经营环节的环保要求，强化执法监督标准的一致性，严格执法、依法执法。既要通过外部监督加强企业绿色化转型动力，也要在监督执法中帮助企业解决绿色转型中面临的困惑和难题。

专栏6-5　浙江省建设工业碳效码实施节能降碳数字赋能行动

2022年7月，浙江省经济和信息化厅印发《浙江省工业节能降碳技术改造行动计划（2022—2024年）》，计划实施"万千百"项目推进行动、重点行业升级行动、低碳技术攻关与推广行动、资源利用效率提升行动、园区绿色低碳发展提档行动、节能降碳数字赋能行动和节能降碳服务生态构建行动七大行动和16项具体工作任务。

其中，节能降碳数字赋能行动主要有两项工作。一是加快工业碳效码（根据企业单位产值碳排放量与所处行业同期单位产值碳排放量平均值进行比较得出碳效等级）推广应用。依托工业碳效码应用，精准识别高碳企业，将其纳入重点节能监察名单，依法开展节能监察。推动碳效评价结果应用覆盖金融、用

---

① 路红艳，林梦. 提升产业链供应链现代化水平的路径. 中国国情国力，2021（3）：23-26.

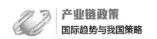
地、用能、排污等领域。支持开发基于碳效码平台的创新应用，推广一批优秀节能降碳技术改造场景应用。二是深化数字化能源管理体系建设。加大能源在线监测力度，充分利用能源大数据中心、"节能降碳 e 本账"对"两高"项目实施监管。

（三）多措并举提升产业链安全化水平

统筹产业发展与安全，确保我国产业链有能力应对各类风险挑战，是当前和今后一段时期我国产业链政策的重要任务。

一是要增强产业链系统备份和安全冗余。以我国的经济体量和产业链体系，加强系统备份和安全冗余既有必要性也有现实可行性。要制度化建立国家和地方分级产业储备系统，完善事关国家安全和社会稳定、公共卫生安全等的产能储备、产品储备和数据备份，增加重点产业链安全冗余度，常态化进行压力测试，保障备份系统的可靠性和可用性。建立分类储备模式，对不同产业链环节和关键技术产品设定同品储备、同级储备、替代储备等不同类型，兼顾储备的安全性、现实可行性和经济性。

二是要指导重点行业领域的企业，做好产业链风险防范，增加原材料和中间品的库存储备，加强投资项目的风险评估，适当降低对经济效益的关注，保障生存和发展的可持续性。支持企业提升供应链管理能力，加强对供应链重要资源的管理，对于海外投资经营活动、知识产权输出，要特别注重加强安全风险管理，防止对我国产业链安全造成不利影响。[1]

三是要加快完善产业链风险管理评估机制。产业链安全风险和点位处于不断发展和变化之中，必须实时动态调整防控。要建立完善的产业链管理和评估机制，建立政府和企业联动的产业链安全管理体系，推动重点行业的产业链风险评估和风险预警机制建设，完善产业链风险信息采集、传递、共享和反馈处理机制，提高对产业链风险的识别、研判和处置能力。推动"链主"企业联合有关研究力量和上下游企业，共同研发应用产业链风险监测和管理工具，提升

---

① 周建军. 全球产业链的重组与应对：从防风险到补短板. 学习与探索，2020（7）：98-107.

产业链整体风险联动管理水平。探索建立区域协同和产业链上下游协同的风险应对和化解机制，运用不同地方、不同产业链环节的优势资源，提升产业链整体韧性和抗冲击能力。

四、完善产业链政策协调机制

完善的政策运行实施机制是政策质量和实施效果的重要保障，产业链政策旨在协同产业链各环节，本身也须与其他部门政策协同，形成政策合力。要建设科学规范的政策制定实施和评估退出机制，要健全产业链政策法治化治理机制，推动产业链政策体系纳入法治轨道。

（一）构建战略性产业链多部门协同管理机制

产业链政策必须重点突出，聚焦关键环节领域用力。要针对航空航天、生物医药、关键核心材料等战略性产业链，在中央层面设立产业链政策领导小组，统筹产业链全局性工作，推动产业链发展重大政策制定和重大项目实施，协调产业链跨地区、跨部门事宜。针对区域性重点产业链，鼓励构建跨行政区的产业链统筹机制，促进产业链区域协同发展。在产业链政策制定阶段，要聚合产业链上下游相关主管部门组成政策专班，常态化、专门化运作，将各部门管理之间的张力问题在政策制定阶段解决，并统一各环节监管部门的认识和工作思路，促进产业链支持合力的形成。在政策制定完成颁布生效后，继续保留专门工作机制，在日常管理工作中继续对接协调各部门管理政策，保障产业链支持合力不散。

（二）规范产业链政策"制定—实施—评估—调整—退出"全流程机制

全面规范产业链政策运行全过程，以制度力量保障政策质量。明确产业链政策制定必经程序和必要工作内容，从源头提高政策的科学性和民主性，尤其要重视公开征求意见，凡是依法可以公开征求意见的产业链政策都要在制定环节公开面向社会征求意见，并建立有效的意见反馈机制，充分保障民众和企业的参与权、知情权，以及对产业链政策建立合理的预期。政策预研阶段要规范

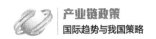
调研程序，广泛听取产业链上各类利益主体的诉求，切实把最突出、最迫切的问题纳入政策研究范围。政策制定阶段要加强各部门、各主体共同参与，提高专家和智库机构在政策制定工作中的参与度。政策实施阶段，要针对产业链上不同环节、不同企业精准施策。在产业链政策制定中、实施时、废止后均要机制化开展政策评估工作，引入智库等研究评估力量，运用经济学、政治学、工学等多学科知识对政策运行情况进行综合性评估，根据政策效果、效益，对被评估政策进行动态调整，并不断完善政策制修订要求。严格政策退出机制，对不再适应产业链发展的政策要及时废止退出，并接续好相应的后续支持或者承接政策。

（三）健全产业链政策与相关配套政策协调机制

加强产业链政策与对外政策、区域政策和社会政策等相关领域政策的协调，确保政策方向一致。党的十九大报告中提出"创新和完善宏观调控，发挥国家发展规划的战略导向作用，健全财政、货币、产业、区域等经济政策协调机制"。产业链政策要立足国际经贸情况，积极参与全球产业合作，防范贸易摩擦风险，保障产业链效率和安全。产业链政策要考虑产业基础、产业集聚、产业配套等情况，引导各地区构建具有优势特色的产业链。产业链政策要考虑社会发展阶段、人民收入水平和消费需求等现实情况，设定合理发展目标。要加强产业链政策与创新、人才、金融、交通等相关领域政策的协调，确保政策内容不存在矛盾冲突。产业链政策要提高政策对接精细度，分层级解决产业链细分环节面临的要素和配套政策制约问题，不断提高政策水平和行政资源使用效率。产业链政策要建设制度化的政策协调对接机制，以及高效的信息共享机制，促进不同主管部门间政策调整的信息沟通和先进监管经验的相互借鉴。加强政策协同机制研究，促进产业链政策与配套政策增强协同效应。

（四）完善产业链政策法治化治理机制

顺应市场机制和国际规则相关要求，探索运用立法司法、信息畅通、技术标准、环境营造等间接政策手段，减少行政干预。产业链政策需要广泛协调多元主体和不同政府部门的职能，需要有基础性的制度设计和权责安排。因此，要推动产业链政策立法，在立法中明确规定产业链政策的基本原则、部门职能分工和权责范围、主要规范对象的基本权利和基本义务、政策制定和实施程序机制、监督管理措施等。通过顶层设计立法，保障政府的产业链政策能够在规范的制度架构中实施，形成有效分工合作，并充分发挥市场机制和市场主体在产业链发展中的基础作用。要加强新兴产业领域的产业链政策立法，解决新产业发展面临的既有法律和制度障碍，通过法律规则引领产业发展方向，保障行业发展利益。鼓励地方政府创设支持促进产业链发展的法律制度，创新支持和监管工具，积极开展先行先试。

专栏 6-6　2022 年地方产业链政策法治化典型探索

2022 年 1 月 11 日，湖南省人大常委会通过《湖南省先进制造业促进条例》。这是我国第一部先进制造业专门法规。该条例共 26 条，主要规定了政府发展先进制造业重点产业链的职责、重点打造的产业集群、推进先进制造业高质量发展的路径和重点、发展先进制造业的要素保障等，为湖南省打造国家重点先进制造业高地提供了全面完善的法治保障。

8 月 30 日，深圳市人大常委会通过《深圳经济特区数字经济产业促进条例》。该条例共九章 75 条，包括总则、基础设施、数据要素、技术创新、产业集聚、应用场景、开放合作、支撑保障、附则九个方面，为数字经济发展奠定了重要的法律规则和制度机制基础。

2022 年 9 月 22 日，上海市人大常委会通过《上海市促进人工智能产业发展条例》。该条例共六章 72 条，对发展人工智能产业的目标、原则、职责分工、创新支持、产业发展、应用场景、产业治理与安全等做了全面规定，以地方法规的形式对人工智能产业发展做出全方位调整规范，并强化了刚性支持保障。

2022 年 9 月 29 日，陕西省人大常委会通过《陕西省大数据条例》。该条例共八章 81 条，对数据资源与开发应用，大数据产业发展与安全保障等做出规范，并设定了相应的法律责任。

第七章 ｜ Chapter 7

电子信息行业产业链政策实践进展及对策和建议

电子信息行业是当前全球产业链政策发力的重要领域，是最能代表具体产业链实践特征的行业之一。本章以电子信息行业为例，说明当前我国电子信息行业管理已经进入了"产业链管理初探"阶段，通过测评认为我国电子信息产业链的问题主要在于节点水平不均衡、产业链韧性有待增强。从全球层面看，我们发现，美、欧、日等主要电子信息产业国家和区域也同时发力产业链/供应链政策，并在半导体/集成电路/芯片、人工智能、5G、量子信息等电子信息基础领域和前沿领域将我国作为"首要竞争对手"，试图遏制我国重要产业链发展。在此情形下，我国电子信息产业发展更要坚定从产业政策往产业链政策转向的步伐，通过政府、市场、第三方共同合力构建一个统筹协调的产业链政策体系，并创新产业链预警、产业链压力测试、产业链技术创新、产业链韧性伙伴计划等一系列新工具、新办法、新机制，化被动为主动，有效应对我国电子信息产业链面临的风险，推动产业持续健康发展。

一、推动电子信息行业产业政策向产业链政策转型的必然性

（一）大国竞争全面加剧对电子信息产业政策转型提出迫切要求

2018 年以来，中美贸易摩擦愈加频繁，2020 年新冠疫情不断蔓延和持续更是重创全球经济，经济下行压力加剧贸易保护主义和单边主义。以美国为首的西方国家对我电子信息产业持续打压，贸易摩擦转化为科技竞争，美国等西方国家加强遏制我国技术发展成为确定性趋势，电子信息制造业等尖端科技领域成为大国博弈的主战场，迫使我国电子信息产业政策加快转型，以适应新的竞争形势。

1. 贸易摩擦升级为科技脱钩，电子信息产业尖端科技成为竞争主战场

中美大国竞争从贸易领域逐渐升级到科技领域。特朗普政府时期，美国对华制裁以贸易领域为主，以所谓的反不正当竞争和打击知识产权侵权为由加征关税、反倾销税和反补贴税。但新冠疫情加快了美国国内经济衰退，中美双方的结构性矛盾日益凸显，中美战略竞争进入博弈深水区，美国对华制裁由贸易领域向高科技、金融等领域扩散。拜登政府实施"小院高墙"策略，力图加强

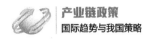

科技领域精准打击。例如，美国于 2022 年 8 月颁布《芯片与科技法案》，2022 年 10 月进一步扩大半导体领域制裁。

在这种背景下，全球电子信息产业链上中游环节话语权不断提升。我国电子信息产业下游系统集成企业实力较强，但上中游掌握关键核心技术的"专精特新"企业数量较少。而美国、日本和韩国等国则掌握关键核心技术，在细分领域拥有较强话语权。上中游材料和电子元器件从研发、验证、应用到实现产业化的周期相对较长，在科技脱钩背景下越来越成为制约电子信息产业发展的关键。

5G、微电子、量子计算等尖端科技竞争决定未来一段时间产业革命的主动权归属。新科技革命孕育出一批颠覆性技术，美国、德国、英国、法国和韩国等主要发达国家加快前沿技术和未来产业布局，以期抢占未来产业制高点。美国提出成立未来产业研究所（IotFIs），促进多部门协作推动前沿产业创新，意图保持科技领先地位和全球价值链主导地位。德国于 2020 年计划投资 500 亿欧元在电动汽车、数字化和通信技术、人工智能和量子技术等领域的前沿技术开发。英国在 2020 年发布的《未来科技贸易战略》中提出投资 5G、算法生态系统，加快推进工业 4.0 建设。电子信息产业尖端科技成为赢得科技与产业发展权和话语权的必争之地。

2. 大国科技战略博弈激烈，多重产业干预手段层层加码

一是美国以所谓的公平竞争和知识产权为名不断加征关税。2017 年，美国对华启动"301 调查"标志着中美贸易摩擦正式拉开帷幕。自 2018 年起，美国持续对中国光伏产品、多晶硅和汽车等产品增收 10%～25% 的关税。二是通过出口管制等方式对华进行技术封锁。2022 年 9 月初，美国政府以所谓的"规避尖端人工智能芯片为中俄军方所用"为由，要求部分美国芯片厂商停止向中国出口其尖端人工智能 GPU 芯片。据美媒报道，美国政府还将陆续出台芯片制造设备出口管制等措施，意图遏制我国半导体行业发展。三是加大美国企业对华投资限制和中国在美投资限制力度。2018 年 3 月，特朗普政府限制中国对美投资，并限制相关领域涉及合资运营和技术转让等活动的在华投资。四是运用立法手段扩大电子信息产业补贴规模。2021 年 6 月，美国参议院通过《2021 美国创新与竞争法案》[该法案前身为《无尽前沿法案》(*Endless Frontier Act*)]。该法案提出成立技术和创新理事会 (DTI)，在 5 年内向 DTI 拨款 1000 亿美元，投入技术研发、人才培养和区域创新生态系统建立。2022 年 8 月，美国出台《芯片与科学法案》，通过成立超 500 亿美元的"芯片基金"、提供 25% 的税收抵免优惠等措施大力支持美国半导体行业发展，同时还规定获得联邦资助的企业 10 年内禁止在中国增产先进制程芯片。

3. 西方群体性保护主义增强，产业链供应链成为"抱团围堵"核心

全球电子信息产业链加快重塑，国际产业竞争从产品竞争升级到产业链群之间的竞争。新冠疫情冲击和地缘政治对抗强化了企业重新进行产业链供应链布局的趋势，使得供应链管理安全目标的重要性不断提升。全球电子信息产业竞争范式面临深刻变革，国际竞争由过去的产品竞争、个体竞争走向链条竞争、集群竞争，国家产业支持政策也由重视单一技术或产品向重视产业链升级和产业集群发展转变。

拜登政府一改特朗普政府得罪盟友的做法，采取群体性保护主义政策，说服盟友与美国共同建设"具有弹性的供应链"。美国在美、日、澳、印四国首脑峰会，美欧首脑峰会，北约峰会等场合极力推动与盟国的网络空间合作，加强与日、韩的半导体供应链合作，吸引东南亚国家加入"印度-太平洋经济框架"(IPEF)，利用对半导体技术和设备的控制，意图排挤中国电子信息产业。

拜登政府联合日欧等经济体采取多项措施力图实现产业链供应链"去中国化"。例如，《美墨加协定》(USMCA) 的"毒丸条款"将中国认定为非市场经济国家，"经济繁荣网络计划"的产业链供应链"去中国化"措施，组建芯片四方联盟 (CHIP 4) 等措施，意图对我电子信息产业打压形成战略合围态势。

（二）单部门管理模式已经无法适应电子信息产业融合跨界发展趋势

电子信息产业链条长、环节多、复杂性高，外部不确定因素日益增多，缺乏国际技术、贸易、人才风险管理和预警等问题逐渐显现。随着数字经济的发

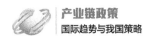

展，跨行业、跨环节、跨要素融合发展已经成为不可逆转的大趋势，电子信息产业若继续采用单部门管理模式将不再能适应产业发展需要。高度不确定性和高度复杂性的后工业时代需要新的产业政策。

1. 单部门管理"强计划性"不适应后工业时代

单部门管理在计划垂直部门管理时期主要由政府一元主体进行生产决策，更多地依赖行政命令和政府的安排，很难适应复杂的市场变化，而行业集中管理时期则常陷入市场失灵困境。政府部门能力有限，使得产业政策存在目标不一定符合产业发展规律、政策受利益集团等因素影响易造成执行偏差等问题，这使产业政策缺乏市场活力和灵活性，从而不能适应目前外部环境的不确定性和全球化背景下产业链复杂性所带来的市场需求的变化。同时，计划垂直部门管理方式简单地抓"人财物"已不能适配电子产品市场需求变化和巨大产业规模。而在市场经济下行业集中管理时期的产业政策虽然充分发挥了电子信息产业的市场主体的作用，调动了企业的积极性，提高了企业的生产效率，但是市场也存在失灵的情况。

单部门管理缺乏全球电子产品供应链实时监控和调节能力，难以应对新冠疫情流行和国际政治局势动荡等突发性事件带来的不确定性风险。新冠疫情的蔓延与持续迫使各国间歇性采取物理隔离措施，日本、马来西亚等全球多个产业链中游的芯片厂商受疫情影响被迫停工，芯片供不应求，拖慢下游新能源汽车等产品的出货速度。俄乌冲突等国际政治局势动荡使石油、天然气、硅晶片和其他制造芯片所需的高纯度化学品、气体等原材料价格飙升；日本、中国台湾地区地震等"黑天鹅"事件加剧芯片供给缺口。全球产业链供应链"断链"、原材料涨价等问题反映出当前电子信息产业单部门管理缺乏应对突发事件的能力，尤其是缺乏全球电子产品供应链实时监控和调节的能力，缺乏反馈机制和快速响应机制。

2. 工业生产精细化分工提高产业链长度和复杂性

产业链链条不断延长，行业间复杂性呈乘数增加，传统国际分工模式下的产业间供需关系在不确定环境下愈加脆弱。第二次工业革命以来，工业生产国际分工趋势显现。社会分工精细化程度的提高使得市场交易关系倍增，从而促使产业价值实现由不同产业间分割变为行业节点相互勾连，继而驱动了产业链的形成。产业链重塑了生产过程中的产业上下游供需关系、行业之间的技术关联和行业的空间关联等多重交易关系。

在过去"两头在外"发展模式下，原材料更多基于成本和技术先进性进行取舍，很少出现供应链断链问题，但当前"逆全球化"趋势抬头，国际政治形势变化危及我国电子信息产业供给安全。贸易保护主义抬头和西方"芯片联盟"对我国电子信息产业链中游芯片等原材料的围堵提高了供应成本。美国利用意识形态攻击、拉拢盟友与其他国家试图形成反华共识，各国电子信息制造业产业回流等国际形势变化，加剧了我国电子信息产业链的脆弱性。

3. 数字经济加速产业升级、生产重构与跨界融合

电子信息产业是数字经济时代新、旧产业链交织的焦点领域。新一代信息技术通过网络互联的移动化和泛在化、信息处理的集中化和大数据化、信息服务的智能化和个性化，在物理空间的基础上同时建构了一个互联互通的网络平台，并通过较强的智能化和渗透性推动新一代信息技术与传统制造业的产业融合。

新一代信息技术的研发与应用加速电子信息产业升级。电子信息产业是数字经济新业态、新模式诞生的起源地和聚集地。虚拟现实、超高清视频、元宇宙、智能网联汽车、智能物流、无人机等数字经济的新业态、新模式率先在电子信息领域呈现。以云计算为例，艾媒咨询发布的报告显示，2021 年我国云计算市场规模已超 2300 亿元，预计 2023 年将突破 3000 亿元。[①]

数字经济通过信息技术使得传统行业的智能化生产与定制化生产成为可能。信息技术与各行各业融合发展加速赋能传统产业数字化转型，通过其技术的交互性和连通性实现脱离标准化模式下向制造业赋能过程。一方面，工业互联网可以通过连续覆盖、安全可靠、毫秒级低时延、高速率的数据传输、海量

---

① 艾媒咨询.2022 年中国信创行业发展研究报告.2022 年 5 月.

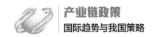
物联网连接的网络满足企业智能化生产需求；另一方面，企业可以通过信息技术与用户及时"连接"，及时根据用户对产品需求重构生产链和供应链，推动小规模的柔性化生产和大规模的定制化生产，从而培育更高忠诚度的客户群体。

（三）电子信息产业国际竞争力提升需诉诸"链式思维"

我国电子信息产业长期被"锁定"在价值链的低端环节，国内部分核心环节和关键技术受制于人，威胁着供应链安全甚至是国家安全；电子信息产品品牌竞争力不强，长期难以实现全球价值链跃升。

1. 冲破核心环节和关键技术受制于人的桎梏需诉诸产业链创新

上游材料技术壁垒和行业集中度较高，部分产品依赖国外供应商。发达国家长时间的技术投入和专利保护体系为其建立了较高的"技术护城河"。以芯片设计为例，上游芯片设计环节主要集中在欧美等国家；中游制造环节中虽然中国台湾地区具有较强竞争力，但日本、韩国等近期逐渐发力；下游封装和测试环节则主要集中在马来西亚等东南亚国家。先进制程芯片是智能手机、超级计算机、人工智能技术发展的硬件制程，我国先进制程产品高度依赖进口。上游芯片原材料方面，光刻胶、硅片等高端原材料主要由日本企业垄断；新型显示面板的玻璃基板被全球三大供应商（美国康宁、日本AGC和日本电气硝子）垄断，共占87.5%。

技术瓶颈和原材料产业基础薄弱难以单独依靠企业解决。我国电子信息产业擅长下游技术应用，但上游原材料依赖进口、中游电子元器件设计与制造的技术"卡脖子"问题引致出现了"上中游技术创新动力不足—下游整机市场难以满足—国外市场依赖—上游技术创新动力进一步减弱"的恶性循环。破解这一循环必须凝聚"政产学研用"多元主体合力，健全产业生态。

2. 解决中高端产品的品牌竞争力不强的问题需诉诸产业链价值链跃升

大多数电子信息产业的行业标准制定话语权掌握在发达国家手中，品牌营销策略"内战内行，外战外行"。国际中高端产品引领产业发展的手段之一即为主导行业标准制定，据此收取授权费和专利费以获得高额利润并保持技术领先。当前，大多数电子信息产业的行业标准制定话语权由发达国家掌握。以智能家居为例，在智能家居头部品牌组成的家庭连接联盟（HCA）中，中国企业仅有海尔智家，美国品牌则占据较高比重。在智能手机领域，我国电子信息行业采取"物美价廉"策略深耕中低端市场，在品牌营销策略方面，针对国内竞争采取"价格战"手段，而在海外市场则延续了国内策略，主要进军东南亚和非洲等发展中国家市场，迟迟未能打入欧美成熟市场。在华为海思被美国制裁后，其他高端智能机未能迎头赶上，2022年第二季度，全球智能手机品牌中三星和苹果市场份额均在15%以上，我国小米、OPPO和vivo等品牌市场份额均在15%以下。

中高端品牌竞争力跃升需要政府、产业上游龙头企业等多方主体形成合力。突破中高端品牌竞争力不强的瓶颈迫切需要改变企业"单打独斗"的竞争方式和单部门管理的模式。政府应当为企业"出海"过程中遇到的"合法性"难题提供司法救济，并与"出海"国家签订合作谅解备忘录，加快我国中高端品牌"走出去"的速度；加快形成以特定龙头企业为核心的产业链带动，形成类似"苹果供应商"的质量认证效果，以提升品牌竞争力。

3. 打破产业资源和产业布局不协调的局面需诉诸"链式思维"实现自主可控

"产业链安全"取代"效率优先"的逻辑转变要求使用产业链政策，完善产业链关键环节空间布局。为应对美国意图推动的全球产业链供应链脱钩与抱团围堵，短期内我国电子信息产业需要更加重视关键技术和关键环节对于产业链安全的根本支撑性作用。电子信息产业管理应当转向"链式思维"，梳理电子信息产业链条地图，明确薄弱环节与强势环节，在空间合理布局基础上扩大对关键环节的资源投入，以增强电子信息产业链整体实力。

产业链政策在推进多主体协同、有效整合产业链条资源等方面具有优势。与产业政策相比，电子信息行业产业链政策的链式思维可以促进上游原材料、中游电子元器件、下游终端应用等不同行业的企业、科研机构和社会团体等多主体有效对接，通过市场化手段和行政手段，整合人财物资源及先进技术经验和管理经验，实现系统性"强链"。

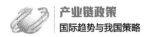

二、我国电子信息产业链发展现状及存在的主要问题

（一）我国电子信息产业链发展现状

1. 节点水平不均衡，产业链关键环节自主可控性有待提高

整体来看，电子信息产业研发创新成效显著，技术水平不断提高。《2021 年欧盟工业研发投资记分牌》显示，我国电子信息行业研发投入比重高达 45.7%，仅次于美国（56.6%）；榜单前 500 家企业中，我国在信息通信技术生产和信息通信技术服务领域分别有 17 家和 14 家企业，占到 86 家中国企业研发投入的 29.6% 和 20.8%，超过全球平均水平。

从高技术产业分行业的创新能力来看，电子及通信设备制造业的创新能力具有明显的优势，仅次于医疗仪器设备及仪器仪表制造业。具体来看，从 2013—2020 年，电子及通信设备制造业的创新能力均值为 0.0206，医疗仪器设备及仪器仪表制造业的创新能力均值为 0.0249。同时，电子及通信设备制造业的创新能力不断提升，从 2013 年的 0.0172 增长到 2020 年的 0.0266，增长率为 54.6%。但是上下游节点水平差异较大，其中，上游创新能力较强，下游整体的创新能力较弱，导致产业链上下游发展不平衡。尤其是产业链关键环节创新能力较弱，发展水平较低，产业链自主可控水平有待提高。基于研发支出的中国高技术产业创新能力如表 7-1 所示。

表 7-1　基于研发支出的中国高技术产业创新能力

行　业	2013 年	2014 年	2015 年	2016 年	2018 年	2019 年	2020 年	标准差	均值	最大值	最小值
电子及通信设备制造业	0.0172	0.0174	0.0176	0.0178	0.0230	0.0243	0.0266	0.0040	0.0206	0.0266	0.0172
光电子器件	—	—	—	0.0215	0.0231	0.0276	0.0032	0.0241	0.0276	0.0215	
半导体分立器件制造	0.0085	0.0118	0.0117	0.0131	0.0201	0.0172	0.0217	0.0049	0.0149	0.0217	0.0085
电子专用材料制造	—	—	—	0.0180	0.0196	0.0215	0.0018	0.0197	0.0215	0.0180	
电子电路制造	—	—	—	0.0186	0.0197	0.0246	0.0032	0.0210	0.0246	0.0186	
通信终端设备制造	0.0075	0.0072	0.0059	0.0073	0.0081	0.0097	0.0216	0.0054	0.0096	0.0216	0.0059

续表

行 业	2013 年	2014 年	2015 年	2016 年	2018 年	2019 年	2020 年	标准差	均值	最大值	最小值
集成电路制造	0.0237	0.0304	0.0336	0.0325	0.0449	0.0497	0.0627	0.0135	0.0396	0.0627	0.0237
雷达及配套设备制造	0.0355	0.0341	0.0267	0.0348	0.0298	0.0410	0.0447	0.0062	0.0352	0.0447	0.0267
电子真空器件制造	0.0066	0.0144	0.0136	0.0088	0.0208	0.0220	0.0240	0.0067	0.0157	0.0240	0.0066
电阻电容电感元件制造	—	—	—	—	0.0169	0.0198	0.0226	0.0029	0.0198	0.0226	0.0169
通信系统设备制造	0.0626	0.0604	0.0568	0.0536	0.0534	0.0462	0.0357	0.0092	0.0527	0.0626	0.0357
锂离子电池制造	—	—	—	—	0.0263	0.0256	0.0298	0.0023	0.0273	0.0298	0.0256
通信设备、雷达及配套设备制造	0.0285	0.0278	0.0242	0.0245	0.0244	0.0244	0.0242	0.0019	0.0254	0.0285	0.0242
其他电子设备制造	0.0133	0.0106	0.0119	0.0105	0.0216	0.0204	0.0305	0.0075	0.0170	0.0305	0.0105
广播电视设备制造	0.0139	0.0140	0.0169	0.0176	0.0229	0.0251	0.0270	0.0054	0.0196	0.0270	0.0139
智能消费设备制造	—	—	—	—	0.0247	0.0283	0.0232	0.0027	0.0254	0.0283	0.0232
电子元件及电子专用材料制造	0.0099	0.0099	0.0105	0.0105	0.0192	0.0208	0.0244	0.0062	0.0150	0.0244	0.0099
电子器件制造	0.0139	0.0149	0.0169	0.0177	0.0254	0.0285	0.0332	0.0075	0.0215	0.0332	0.0139
非专业视听设备制造	0.0160	0.0156	0.0155	0.0148	0.0157	0.0169	0.0184	0.0012	0.0161	0.0184	0.0148
光纤光缆及锂离子电池制造	—	—	—	—	0.0257	0.0256	0.0295	0.0022	0.0270	0.0295	0.0256
电子工业专用设备制造	—	—	—	—	0.0343	0.0384	0.0460	0.0060	0.0396	0.0460	0.0343
计算机及办公设备制造业	0.0063	0.0060	0.0082	0.0080	0.0002	0.0008	0.0120	0.0042	0.0059	0.0120	0.0002
计算机整机制造	0.0052	0.0054	0.0077	0.0072	0.0001	0.0006	0.0064	0.0031	0.0047	0.0077	0.0001
计算机外围设备制造	0.0087	0.0076	0.0072	0.0092	0.0002	0.0007	0.0172	0.0057	0.0072	0.0172	0.0002
计算机零部件制造	0.0056	0.0048	0.0066	0.0071	0.0000	0.0011	0.0169	0.0055	0.0060	0.0169	0.0000
办公设备制造	0.0082	0.0078	0.0092	0.0088	0.0001	0.0009	0.0227	0.0074	0.0082	0.0227	0.0001
航空、航天器及设备制造业	0.0717	0.0610	0.0492	0.0451	—	—	—	0.0120	0.0568	0.0717	0.0451
飞机制造	0.0812	0.0703	0.0571	0.0509	—	—	—	0.0136	0.0649	0.0812	0.0509
航天器制造	0.1567	0.1199	0.1037	0.1116	—	—	—	0.0234	0.1230	0.1567	0.1037
医疗仪器设备及仪器仪表制造业	0.0160	0.0130	0.0144	0.0129	0.0004	0.0018	0.1156	0.0405	0.0249	0.1156	0.0004

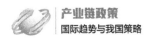

续表

行　　业	2013 年	2014 年	2015 年	2016 年	2018 年	2019 年	2020 年	标准差	均值	最大值	最小值
仪器仪表制造	0.0149	0.0130	0.0132	0.0118	0.0005	0.0017	0.0392	0.0127	0.0135	0.0392	0.0005
医疗仪器设备	0.0203	0.0131	0.0181	0.0161	0.0003	0.0018	0.0350	0.0118	0.0149	0.0350	0.0003
医药制造业	0.0149	0.0124	0.0127	0.0128	0.0016	0.0046	0.0313	0.0095	0.0129	0.0313	0.0016
化学药品制造	0.0185	0.0161	0.0168	0.0164	0.0020	0.0055	0.0322	0.0098	0.0154	0.0322	0.0020
中成药生产	0.0126	0.0096	0.0091	0.0101	0.0013	0.0044	0.0247	0.0074	0.0103	0.0247	0.0013
生物药品制造	0.0167	0.0144	0.0145	0.0155	0.0026	0.0077	0.0605	0.0191	0.0188	0.0605	0.0026

数据来源：中国高技术产业年鉴，赛迪研究院计算。

2. 竞争力稳中有进，产业链韧性不断增强

我国电子信息产业供应链竞争力稳中有进，发展潜力巨大。我国电子信息行业市场规模占全球电子信息行业市场规模的 20.65%，是全球电子信息行业第二大市场。我国作为消费电子产品的全球重要制造基地，消费电子产销规模均居世界第一。

2007—2021 年，我国电子信息制造业 TC 指数[①]整体稳中向好，呈波动上升趋势。具体来看，我国电子信息制造业 TC 指数在 0.20～0.25 波动，2007—2014 年，我国电子信息制造业的 TC 指数明显低于韩国和日本，2014 年之后，我国电子信息制造业的 TC 指数开始超过日本，甚至在部分年份一度超过韩国。尤其在 2019 年之后，我国电子信息制造业的 TC 指数上升趋势明显，说明我国电子信息产业链竞争力不断提升，产业链韧性不断增强。电子信息制造业 TC 指数如图 7-1 所示。

3. 数字技术渗透赋能其他行业，产业链融合度不断加深

数字技术渗透到其他行业，不断为其他产业"赋能"，产业链融合度不断加深。电子信息产业的渗透性是其最重要的特征之一，在非数字部门价值创造中发挥着重要的作用。数字技术/信息通信技术（ICT）渗透到非数字部门后，将通过"替代性"和"协同性"这两项技术—经济特征为其他行业创造价值（蔡跃洲和牛

---

① TC（Trade Competitiveness）指数代表电子信息制造业的竞争力。TC 指数=（出口额-进口额）/（出口额+进口额）。其值越接近于 0 表示竞争力越接近于平均水平；该指数为-1 时表示该产业只进口不出口，越接近于-1 表示竞争力越薄弱；该指数为 1 时表示该产业只出口不进口，越接近于 1 则表示竞争力越大。

新星，2021）^①。表 7-2 所示为中国产业数字化规模及增速。

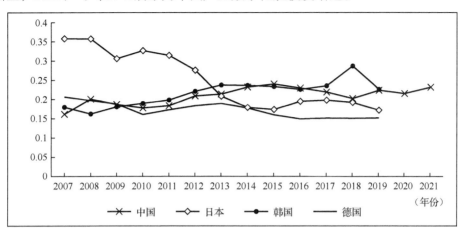

图 7-1 电子信息制造业 TC 指数

数据来源：Wind 数据库。

表 7-2 中国产业数字化规模及增速

年份	产业数字化规模			产业数字化增速		
	ICT 替代效应/亿元	ICT 协同效应/亿元	产业数字化整体/亿元	ICT 替代效应/%	ICT 协同效应/%	产业数字化整体/%
2010	18621.06	12341.93	30962.99	19.78	19.85	19.81
2011	23663.22	14602.75	38265.97	17.53	9.43	14.30
2012	27784.84	16212.06	43996.90	14.78	8.53	12.40
2013	31456.78	18314.44	49771.22	10.85	10.61	10.76
2014	35079.69	19922.91	55002.61	10.25	7.55	9.26
2015	38132.78	22659.84	60792.62	8.56	13.59	10.38
2016	41420.35	25676.67	67097.02	6.96	11.59	8.69
2017	47177.04	27353.99	74531.03	9.12	2.07	6.42
2018	54355.95	30398.49	84754.44	11.16	7.22	9.72

数据来源：蔡跃洲，牛新星. 中国数字经济增加值规模测算及结构分析. 中国社会科学，2021（11）。

从表 7-2 可以看出我国产业数字化规模不断扩大、产业数字化增速整体较快，说明 ICT 渗透效应充分发挥了应有的作用，电子信息产业链与其他产业链

---

① 数字技术资本／ICT 资本在非数字部门或传统产业中发挥的替代效应；数字技术资本／ICT 资本使用产生数据要素、提供有效信息所发挥的协同效应。

蔡跃洲，牛新星. 中国数字经济增加值规模测算及结构分析. 中国社会科学，2021 年（11）：4-30+204.

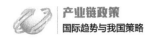
之间的融合度不断深化。虽然近几年增速有所下降，但是增长率仍然较为稳定。以汽车行业为例，智能化技术迭代催生出各类汽车电子需求，汽车电动化和智能化成为汽车行业的主流发展趋势。汽车电动化、智能化时代的开启，使得汽车半导体含量和重要性不断提升，加大了汽车产业对半导体的需求。而随着智能电动汽车对半导体需求的不断增大，以及近两年"黑天鹅"事件加剧芯片的供需不足，使得各大车企纷纷投资芯片领域，加强与芯片厂商的深度合作，推动了整个汽车产业链关系重塑。同时，随着新型消费终端形态不断拓展，传统的 PC、手机和电视等整机产品逐渐向 VR 终端、智能可穿戴等新型终端延伸，智能终端产品形态和消费场景日益丰富。

（二）新中国成立以来电子信息行业管理模式的演进

根据国家重大方针政策和我国电子信息产业变革、创新、融合的发展历程，这里将新中国成立以来我国电子信息行业管理模式分为三个阶段，这三个阶段相应地体现了我国电子信息行业参与市场化、全球化、链条化竞争的历程。行业管理模式与行业发展并肩前行，共同打造了当前位居全球规模第一、市场最大、体系最全的电子信息产业体系。

1. 计划垂直管理阶段：以计划经济为主，将电子行业的服务重点转移到经济发展上

为了加强对全国电子工业规划和统一领导，1950 年 5 月，国家成立电信工业局。之后，国家相继对整个工业管理体制进行调整，将电信工业局改属第二机械工业部（国防工业部）建制，中共中央、国务院于 1963 年 2 月 8 日正式成立了第四机械工业部，第四机械工业部于 1980 年建立了五个工业管理局，实行二级管理。1982 年，第四机械工业部更名为电子工业部。我国电子信息产业在这一时期实行计划垂直部门管理。

计划垂直部门管理强调以计划经济为主，市场调节为辅，强调把电子和信息产业服务的重点转移到发展国民经济，把电子和信息技术在社会各领域中的应用放在首位。计划垂直管理方式对国家集中有限的人力、财力、物力进行经

济建设起到了积极作用。但是，这一方式使得电子工业管理较为分散，难以形成企业联合发挥规模经济的合力，不利于提高电子工业的质量。

同时，在计划经济下，经济决策权高度集中在政府手中，企业的一切活动都要听从政府的安排，在这种体制下，企业已不是原本意义上的企业，而实际已异化为单纯生产产品的工厂或者车间，生产、经营缺乏活力。

2. 行业集中管理阶段：下放企业，推动企业联合，实行集约化经营

1987年10月，党的十三大提出"国家调节市场，市场引导企业"新的经济运行机制；在1988年9月十三届三中全会上，中共中央提出成立机械电子工业部，实行大行业管理。按照规模经济思想，建立集约化的经营机制，将企业放下去形成企业集团，进行行业集中管理，对行业和地方电子工业发展加强协调和指导，以形成我国电子工业的主导力量。

电子信息产业的行业管理形式虽然发挥了市场的主体作用，但在市场失灵的众多领域仍然显得能力不足，例如，市场经济导致了平台垄断和不完全竞争、公共产品供给不足、负外部性、市场信息不完全等问题。同时，随着数字经济的发展，电子信息产业管理单纯依赖市场调节，采用行业管理已经不能适应产业发展。

3. 产业链管理初探：以链长制为抓手，多主体参与、上下游协作互动

2018年以来，贸易摩擦、新冠疫情冲击等事件给中国产业链供应链带来了巨大的不确定性风险，加之全球竞争格局和分工体系加快重塑，国内部分核心环节和关键技术受制于人、产业基础能力不足等问题突显，对产业链管理方式提出了新要求。为应对全新的国内外形势，电子信息产业链管理也要相应调整变化。

我国开始借鉴产业管理理论与模式、国际产业链的成功管理模式，探索产业链管理。一方面，推动多主体协同管理。电子信息产业行业管理逐渐形成以企业为主体，坚持市场主导、政府引导的新管理方向，探索政府、市场和社会多主体协同治理的产业链管理模式。另一方面，完善电子信息产业链上下游的

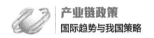

统筹协调机制。以"链长制"为抓手，充分发挥产业链龙头企业的带动作用，从产业链建设的视角，带动电子信息产业链上下游节点企业形成创新链共享、供应链协同、数据链联动、产业链协作的融通发展格局。

（三）当前我国电子信息产业链发展的不足和痛点

1. 产品附加值不高、利润率不高，产业链创新不足

我国电子信息产业整体处于产业链附加值低的中后段，国内厂商主要为劳动密集型，大部分产品附加值不高，行业整体利润率较低。同时，高附加值环节被美国、日本等国家垄断，制约了产业链的创新发展。

电子信息产业关键创新不足、多个领域存在"卡脖子"难题。美国对我国5G、人工智能、集成电路、高端装备等前沿、高端电子产品出口加征高额关税，通过出口管制、长臂管辖等方式对华断供芯片、传感器等核心零部件，使得我国的国际竞争力面临挑战。

2. 科技与产业"两张皮"现象犹存，产业链管理缺乏协同

电子信息产业科研成果转化率低导致创新型电子信息产品缺乏。电子信息产业链条长、涉及领域广、环节多、复杂性强，因此，促进电子信息产业系列化、持续化高质量发展需要以"全链条式"发展统筹各种要素资源，加强产业链条任务之间的协同性，加强多部门协同管理，不断打通产业链上的堵点、断点。高校院所专家擅长做基础研究，但缺乏产业化经验，大部分成果只是实验室研究结果，甚至存在一些盲目开发的问题，加之现有科研人员考评机制导致"重理论、轻应用"倾向，使大量科研成果闲置。而企业侧重应用研究，科技成果转化条件的成熟度不高。同时，双方均缺乏科技成果转化和推广的专业人才，导致科技研发项目落地不畅，创新性电子信息产品缺乏。而且由于电子信息产业的科技创新投资周期长、投资金额大、风险高，企业可得的创新资源有限，使得部分企业开展科研创新的意愿不足。

3. 行业内和行业间沟通不足，产业链间融合有待进一步深化

跨行业的产业链融合有待进一步深化。一方面，不同行业间人员的沟通融

合不足。以 5G 为例，业务人员与技术人员在产品设计、标准制定等方面缺乏有效的沟通合作机制，陷入了懂技术的人员和懂行业标准的人员脱钩的窘境。另一方面，电子信息产业在其他产业的融合应用尚待进一步深化。由于半导体设备从生产交付到适配验收需要 3～6 个月的时间周期，因此，我国电子产品在其他产业的应用适配时间和成本较高。同时，电子信息产品的创新和场景挖掘不够，也阻碍了电子信息产业与其他产业的融合应用。

产业链条上下游节点协同融合有待提升。由于缺乏完善的沟通机制，产业链条节点企业间存在信息不对称的情况，生产企业往往难以掌握用户企业的需求，同时，由于链条上企业之间缺少技术和产品应用场景的深层次对接，阻碍了上下游企业的协同合作。

4. 数字经济主阵地的安全风险凸显，产业链安全风险频发

数据存在被盗取、泄露等风险。电子信息产业作为数字经济的主阵地，数据安全风险凸显。由于我国目前的数据利用和监管机制有待完善，数据贩卖成为大数据产业的灰色地带，个人信息、商业秘密甚至涉及国家安全的高价值敏感数据被盗取、泄露、倒卖等风险增加。同时，生物识别等新技术的应用，虽然促进了生产力的发展，方便了人民的生活，但是也增加了数据安全风险。

部分互联网平台企业存在滥用个人信息或数据垄断的行为。部分互联网平台为了追逐高额的商业目标，对个人信息强制授权、过度索权，导致对个人信息滥采滥用，侵犯客户数据隐私。同时，部分互联网龙头企业利用自身高黏性、海量的流量分配和调控权，阻碍客户的数据向竞争对手迁移，影响了用户在不同平台之间的自由选择，甚至有时通过"打压""扶持"等策略进行数据垄断。

三、电子信息产业链政策的国内外实践进展

（一）当前国内电子信息产业链政策实践的特征与不足

当前国内电子信息产业链政策主要以首位产业、一号工程、头号工程等为典型实践。从省（市）电子信息产业"十四五"规划中有关产业链的内容

（见表 7-3）可以看出，为促进电子信息行业的发展，多个省、市提出要以制造业高质量发展为主攻方向，通过政策引领，做大做强做优电子信息首位产业，把电子信息产业作为战略支撑产业来抓、作为全省（市）一号工程来打造，补链延链形成产业集群，壮大产业规模。

表 7-3　各省市电子信息产业"十四五"规划中产业链相关表述

规　划　名　称	产业链相关内容	发布机构	发布日期
《北京市"十四五"时期高精尖产业发展规划》	以增强产业链关键环节自主创新能力为目标，推进"重点产业集群化、生产范式智能化、高端制造服务化、发展方式绿色化、产品服务品质化"五化发展，构建具有首都特色、掌握核心环节、占据高端地位的产业链	北京市人民政府	2021 年 8 月 11 日
《天津市新一代信息技术产业发展"十四五"专项规划》	以"锻长板、补短板、塑样板"为总思路，聚焦产业链、创新链高端环节和关键领域，重点实施优化产业组织方式、加强企业梯度培育、推动源头技术创新、强化创新平台建设、畅通产业内外循环、推进产业跨界融合六大任务	天津市工信局	2021 年 12 月 17 日
《上海市电子信息制造业"十四五"规划》	着力打造技术先进、安全可靠、自主可控的电子信息制造全产业链，提升产业链供应链现代化水平；形成电子信息制造产业链聚合新动能	上海市经信委	2021 年 12 月 30 日
《重庆市制造业高质量发展"十四五"规划（2021—2025 年）》	提升产业基础能力和产业链供应链现代化水平。实施产业基础再造和产业链供应链现代化水平提升工程，围绕产业集群建设方向梳理重点产业链条，分链条做好战略设计和精准施策，统筹推进锻长板和补短板，全面提高基础领域产品质量和核心竞争力。持续开展补链强链，全力保障供应链稳定，提高产业链供应链韧性和根植性，夯实制造业高质量发展的根基	重庆市人民政府	2021 年 7 月 1 日
《河北省新一代信息技术产业发展"十四五"规划》	提升产业链"强点"、补上产业链"断点"、延长产业链"用点"，推动产业链体系化、供应链多元化，增强产业链供应链抗风险能力。支持产业链核心企业发挥引领作用，联合上下游企业加强产业协同和技术攻关，推动产品互信互任和知识产权共享，增强产业链韧性，形成更富创新力、更高附加值、更具竞争力的产业体系	河北省工信厅	2021 年 11 月 17 日

规 划 名 称	产业链相关内容	发布机构	发布日期
《山西省电子信息制造业 2021 年行动计划》	实施产业链招商配套，提升产业集群集聚水平；聚焦"六新"突破，汇聚一流人才、科创平台、高端项目等创新要素，创新体制机制，全力构建一流创新生态	山西省工信厅	2021 年 7 月 16 日
《吉林省电子信息产业发展"十四五"规划》	围绕产业链部署创新链、提供政策链、健全人才链、完善资金链，推动产业链上下游、产业链之间以及跨区域跨领域各类资源共享、配套和对接，提升产业链整体竞争力	吉林省工信厅	2021 年 9 月 6 日
《江西省"十四五"电子信息产业高质量发展规划》	以链长制为抓手，加强重点产业领域统筹指导。促进产业链融通发展	江西省工信厅	2021 年 11 月 15 日
《贵州省"十四五"电子信息制造业发展规划》	打造重点特色产业链。立足产业基础，加快引进缺失薄弱环节，重点培育打造锂离子电池、高端显示设备、智能终端、高端服务器等特色产业链	贵州省工信厅	2021 年 10 月 1 日
《宁波市电子信息制造业产业集群"十四五"发展规划》	加快打造标志性产业链。着力建设完善集成电路、光学电子等标志性产业链，以打造标志性企业、项目、技术为目标，通过强链补链延链建设，打通技术研发、产品制造、应用转化等重点环节，加快形成产业链联动机制，积极培育"集成电路设计-制造—封装测试—专用设备—材料—行业应用"的特色工艺集成电路产业链，以及"光学材料、基础件-光电器件、模组-下游应用"为核心的光学电子产业链。围绕浙江省数字安防、集成电路、智能计算、网络通信、智能家居等产业链，加强新技术新产品的研发生产，引导本地企业与省内产业链上下游企业开展合作，打造深度融合的产业链共同体	宁波市经信局	2021 年 12 月 16 日
《厦门市"十四五"电子信息产业发展规划》（征求意见稿）	重点围绕平板显示、计算机与通信设备、半导体和集成电路打造三大电子信息制造业产业集群，全面提升特色软件和信息服务业发展水平，悉心培育云计算、大数据及人工智能等新业态	厦门市工信局	2020 年 8 月 31 日
《合肥市"十四五"新一代信息技术发展规划（征求意见稿）》	重视龙头企业引领，促进相关企业集聚，培育优势特色产业集群，带动产业链上下游配套企业发展。完善集群产业链条配套，加强基础研究平台建设，统筹政策链、补强产业链、优化价值链、提升创新链、重视人才链，培育发展壮大新一代信息技术产业	合肥市经信局	2021 年 8 月 25 日

资料来源：赛迪研究院整理

这些电子信息产业链政策覆盖全、内容广、范畴不一，但也存在亟须解决的问题。一是电子信息产业链政策体系亟待完善。例如，缺乏电子信息产业链安全分类分级的规则和制度，难以适应当前我国供应链面临的新挑战。二是多部门有效联合的机制亟待强化。当前，政府各部门间的跨部门联动效果有待提高，应强化组织协调，加强横向、纵向协调联动，形成各司其职、各负其责、齐抓共管、运转高效的产业链管理新格局。可从各部门间抽调干部形成工作组，加强相关部门间的沟通衔接，及时协商解决产业链管理中的共性问题和突出问题。

（二）国外产业链政策的经验借鉴与政策需求

1. 美国：紧抓芯片、量子、人工智能等战略领域，构建由美国主导的全球电子信息产业链体系

近年来，美国在芯片、5G、生物科技、量子计算、人工智能等领域与我国展开多层次的科技竞争。以半导体为例，美国为提升半导体制造能力，发布了多项产业链政策与具体措施。近两年美国有关半导体的国家级政策如表 7-4 所示。

表 7-4　近两年美国有关半导体的国家级政策

时间	相关机构和行动	具体内容
2022 年 7 月	美国参议院和众议院通过《芯片与科学法案》（CHIPS and Science Act 2022）	美国计划在 5 年内投资 2800 亿美元，使美国在全球技术优势竞争中领先于中国。其中，法案将为半导体行业提供 527 亿美元资金。具体而言，390 亿美元将直接用于半导体制造业补贴，132 亿美元用于支持研究和劳动力发展，20 亿美元用于促进汽车和国防系统中使用的传统芯片的发展，5 亿美元用于支持国际信息通信技术安全和半导体供应链活动。法案还将为高科技制造商提供 240 亿美元的税收抵免
2022 年 2 月	美国众议院通过《为芯片生产创造有益的激励措施法案》（Creating Helpful Incentives to Produce Semiconductors，CHIPS）	创立美国芯片基金，拨款 520 亿美元用于加强美国半导体制造和研究

续表

时　间	相关机构和行动	具体内容
2021 年 6 月	美国参议院提出《促进美国制造半导体法案》（Facilitating American-Built Semiconductors，FABS）	给予芯片制造商 25%的制造设备和设施投资税收抵免，促进美国半导体制造业发展，确保未来美国在半导体领域的领导地位
2021 年 6 月	美国参议院通过《2021 年美国创新与竞争法案》（United States Innovation and Competition Act，USICA）	提供 520 亿美元用于国内半导体研究、设计、生产，其中，390 亿美元为半导体生产计划开发提供支持，112 亿美元为半导体行业的研发活动提供支持
2021 年 5 月	美国参议院委员会通过无尽前沿（Endless Frontier）法案	未来 5 年，将投资 1100 多亿美元用于支持基础研究和先进技术发展。其中，约 1000 亿美元用于支持十大关键技术重点领域发展，涉及人工智能、高性能计算、机器学习、量子信息科技、数据存储、自动化等方面；通过战略发展补助金及合作协议等形式，使用 100 亿美元支持建设 10 个以上区域技术中心
2021 年 3 月	美国白宫公布 2 万亿美元的"美国就业计划"	提议美国国会专门拨出 500 亿美元，补贴美国芯片产业的制造与尖端芯片的研发
2021 年 1 月	美国国会通过国防授权法案（NDAA）	包含《为美国创造有益的半导体生产激励措施》，授权一系列计划，以促进美国境内半导体的研究、开发和制造，旨在促进美国芯片产业发展

资料来源：赛迪研究院整理。

一是产业链政策紧抓战略领域，促进高端产业发展。为增强美国在芯片技术和产业的优势，美国通过立法、加大投资、提供税收优惠等一系列政策举措促进芯片产业发展，激励美国国内芯片制造，增强美国芯片国际竞争力。美国提出通过举办制造业圆桌会议、创业博览会等方式促进技术创新，使美国保持全球技术领先地位。

二是产业链政策重视产业链供应链安全。2021 年 6 月，美国白宫发布半导体等供应链百日评估报告，报告认为美国在半导体设计生态系统方面处于全球领先地位，但在半导体制造等方面依赖韩国，在封装测试方面严重依赖亚洲地区，还存在供应链脆弱、知识产权窃取等问题。美国政府与日本、韩国、欧盟等经济体在半导体供应链等领域加强合作，以提高半导体和芯片领域的供应链安全水平。

三是产业链政策重点防范战略竞争对手。美国出台多项法案试图遏制中国产业链发展，包括在前沿核心技术领域筑建"小院高墙"等。如，《无尽前沿法案》有专门为限制中国科技发展量身定做的方案。又如，《芯片与科学法案》中设置"中国护栏"条款，"禁止获得联邦资金的公司在中国大幅增产先进制程芯片"，期限为 10 年。违反禁令或未能修正违规状况的公司或将需要全额退还联邦补助款，这迫使半导体巨头在中美产业政策中选边站队，对全球半导体供应链造成扭曲，扰乱国际贸易秩序。当前，美国主要采取的限制措施有产品、技术和服务出口管制、审查流向关键技术领域的外商直接投资、限制对外直接投资进入部分国家的先进技术领域、限制开展研发合作等。

综上所述，美国对电子信息产业链的政策需求如下：

一是以产业链政策主导制定电子信息行业规则。美国的电子信息企业在标准、研发、战略、知识产权等领域领先全球，多方联动便形成了电子信息行业的机制，形成了技术壁垒，使得美国凭借先进技术的领先优势，牢牢把握价值分配的主动权。例如，美国于 2022 年 10 月发布了《先进制造业国家战略》，强调开发和实施先进制造技术，涵盖了加速微电子和半导体制造业创新、引领智能制造未来等目标。

二是产业链政策注重产业链基础能力发展。美国在电子信息产业链的生产、装配等环节实现全球布局，但美国企业在芯片、人工智能等领域的关键零部件、关键工艺、关键软件等工业基础能力方面依然是世界一流。当前，美国已经开始推动建立体系化、有韧性的产业链，尤其是在新冠疫情后，美国不断加快提升本土生产能力，以期提高产业链抗风险能力。

三是产业链政策着力构建产业链生态。电子信息企业是布控环节的"串链者"，通过联盟构建电子信息产业生态圈，促进产业链上下游企业协作，共同推动整个产业链的发展。比如，2021 年 6 月 8 日，拜登成立供应链中断特别工作组，专门缓解半导体等领域的短期供需错配。

2. 欧盟：推动产业链数字化转型，追赶布局电子信息产业链政策

欧盟出台的产业链政策对全球产业链布局的影响突出表现在欧盟对外依赖严重的领域。以数字和电子生态系统为例，政策会加速数字产业链部分环节向欧盟转移，如硬件（纤维、电子元件、原材料）、计算能力和软件（数据处理、云和边缘计算）。近年来，欧盟通过一系列政策强化数字技术、数字基础设施和数据共享服务，力图实现追赶发展。

一是产业链政策注重提供研发支持。2021 年 6 月，欧盟委员会通过"地平线欧洲计划"，在物联网、云计算、人工智能、5G、高性能计算等核心数字技术领域加大投入力度，为欧盟数字经济各发展阶段相关重要技术提供支持。欧盟还部署了从数字基础设施到先进数字技术再到人力资本的全方位支持政策，如"欧洲 5G 行动计划""数字欧洲计划"等。

二是强化创新联盟体制，积极深化科技合作。以德国为例，德国一直将创新置于国家发展的核心位置。德国于 2006 年首次发布《德国高科技战略》报告，2010 年出台《思想·创新·增长——德国 2020 高技术战略》，2013 年推出《德国工业 4.0 战略计划实施建议》。2014 年出台的《新高技术战略——创新德国》提出要把德国建设为世界领先的创新国家，将"智能交通"与"智能服务"等与数字经济和"工业 4.0"相关的科技创新作为优先发展领域。

3. 日本：科技创新驱动，电子信息产业链供应链优化升级

一是日本通过产业链政策构建国内电子信息产业体系，通过"产学研"模式促进电子信息产业链供应链形成。20 世纪 80 年代以来，日本在科技立国战略下推动知识密集型产业发展，促进电子信息产业迅速发展。2008 年金融危机使得日本意识到产业空心化和产业链断链风险，实施再工业化战略重新布局全球产业链。2020 年至今，在新冠疫情冲击、地缘政治摩擦加剧等因素的影响下，日本着力推动产业链回迁本土，注重提升产业链韧性。同时，日本与美国、印度、澳大利亚、新西兰等国家打造产业链供应链联盟，产业链布局出现意识形态化。

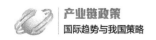
二是日本推行"中国+1"电子信息产业链布局策略。在21世纪初期，日本提出"中国+1"战略，要将电子信息的部分细分产业链迁移至别国。日资企业会在中国和东南亚地区一并建造生产基地，以降低产业链断裂风险。

三是日本产业链政策以安全为由加大技术流出限制。日本提出电子信息科技创新"安全"理念，出台尖端技术相关法律，加强尖端技术出口管制，防止人工智能等尖端技术外流。2020年，日本呼吁美国、德国等42国收紧半导体尖端技术出口管控，并在其国内86所大学建立技术输出管制部门，避免技术外流。

综合美国、欧盟、日本等国家和地区的情况，当前国外电子信息产业链政策的缺陷和不足有所显露，也值得我国在制定产业链政策时关注和防范。一方面，打击别国产业链供应链的政策未必能直接提升本国产业链竞争力。苹果、英特尔等企业的全球影响力显示出美国跨国公司是上一轮全球化的受益者，美国经济发展离不开与他国的产业合作。另一方面，补贴性产业链政策未必一定会赢得企业拥护。美国政府多次呼吁美国电子信息企业将生产线搬回本土，如《芯片法案》（CHIPS）更是为美国先进半导体产业链建设提供高达527亿美元的补贴，但由于美国高昂的土地、人力成本以及制造环境缺乏等不利因素的存在，可能并不能简单以补贴实现吸引跨国企业将产线从别国搬回美国的目的。

四、电子信息产业链政策体系的思考建议

针对产业链供应链安全风险、规模化产业链外迁加剧、全球产业链竞争加剧等问题，提出构建和完善我国电子信息产业链政策体系的建议。

（一）构建统筹协调的电子信息产业链政策体系

面对部门管理灵活性缺乏、行业管理可能存在市场失灵以及新形势下的产业链管理新难题，需要建立全新的电子信息产业链管理框架，努力构建"有效市场、有为政府、多方参与"的三位一体管理框架。

1. 积极发挥政府的引导作用

一是积极转变管理模式，将产业链管理模式从初探推向深入，关注链条对产业发展的协同力量、聚合力量，由"自上而下"向"自上而下+自下而上"的管理模式转变。二是政策实施要因地因势而异，由于电子信息产业体系庞大、各层面差异性较大，需要考虑到行业差异性、区域差异性、阶段差异性、主体差异性，推行因地施策、因势施策。三是充分发挥政府组织协调作用，由政府组织跨部门、跨组织、跨地区的政策协调，以保障公信力。四是明确主体的权责分界，明确政府作为"链长"所应该发挥的作用和边界，防止过度干预。五是丰富财政资金支持手段，聚焦龙头企业，通过财政金融手段突破关键原材料的技术壁垒，提高国内生产能力。六是激活企业创新活力，实施各种税收优惠措施，鼓励企业创新。

2. 充分发挥市场的决定性作用

一是坚持市场对资源配置的基础性作用，始终坚持 20 世纪 80 年代以来在彩电、计算机、手机等几轮电子信息产业发展中我国坚持的市场导向性原则，发挥人口规模巨大、市场规模巨大、制造能力巨大的中国式现代化优势，持续提升我国电子信息产业市场竞争力。二是培育关键产业链"链主"，充分发挥"链主"企业对关键产业链的牵引作用，通过协调一、二、三级供应商，进一步形成产业链上下游协同发展的合力。

3. 注重发挥第三方的补充作用

一是积极发挥产业园区的载体作用，产业园区是我国电子信息产业发展的最重要微观载体，依托国家新型工业化产业示范基地等建设，加快特色产业园区建设，创新布局产业链，鼓励在产业园区进行典型产业链管理差异化试点。二是积极调动行业协会等机构力量，充分发挥中国电子信息联合会、中国半导体行业协会、中国计算机协会、中国光伏行业协会等行业协会的纽带作用，在市场失灵、政府失位的时候做好补位，增强与行业企业深度链接，苦练内功、提升服务能力，在国际标准制定、产业链竞争中发挥更积极的作用。

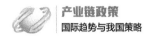
（二）创新丰富电子信息产业链工作机制

1. 完善基于实时信息的电子信息产业链预警机制

一是构建产业链风险指数，定期对国内以及美国、日本、韩国、欧洲等主要竞争国家和区域开展电子信息产业链风险评估，加强对产业链安全最新形势的掌控力。二是持续推进信息平台搭建，建立关键领域、关键环节的电子信息产业链信息监测平台，实现信息共享、流通。三是建立灵敏的产业信息预警机制，各政府部门应和企业充分协同，通过建设信息数据平台，形成行业信息数据实时监测体系，同时将监测的数据和信息及时反馈给产业链参与者。

2. 打造面向战略领域产业链压力测试平台

针对大国竞争复杂态势，探讨我国电子信息产业链压力及应对情形。重点关注以美国产业政策打击、乌克兰危机、新冠疫情等为代表的不同产业链压力，将压力情景进行分类，解析不同情景下的多种风险驱动因素对电子信息产业链安全的威胁烈度，并建立有针对性的产业链压力应对策略。

3. 攻关基于前沿信息科学的电子信息产业链基础性工程化技术

一是重视共性的基础科学知识创新，随着技术交流合作红利不断消逝，需更加关注产业链上游基础科学发展和应用科学探索。压实压紧高校等科研机构的共性基础科学知识创新责任，推动科研院所加快技术攻坚速度，在人才培养方面对标国际方案。针对共性的基础科学知识创新不具有商业独占性导致企业投入研发动力不足的问题（郑月龙和任毅[①]，2020），建议由政府投资主导基础科学知识创新，鼓励成熟产业竞争和创新，加大关键核心技术投资。二是推进多主体协同创新工程化技术，进一步优化多主体"产学研用一体化"方式，针对产业链的链条特征引入创新链管理，将不同行业节点目标置于整个产业链进行考虑，管理重点从刺激创新转变为协调政府、企业和高校多维创新目标之间的复杂冲突，加快产业化工程化技术创新。政府可出台信贷政策引导金融机构加大对电子信息产业的投资规模，企业可在政府和行业协会扶持下增强产业链

---

① 郑月龙，任毅. 技术链视角下产业共性技术供给模式选择研究. 系统工程理论与实践，2020(4): 915-932.

风险识别能力、抢占技术创新应用高地，科研机构则可以依托政府打造的创新服务平台加快成果转化进度，并输出工程化技术给企业。

4. 推行基于强大电子代工能力的电子信息产业链韧性全球伙伴计划

一是推行电子信息产业链韧性全球伙伴计划，坚持推动电子信息产业全球化协作分工，积极与欧洲、东亚等更广泛区域开展产业合作，进一步提升我国电子信息产业的全球竞争力和影响力。二是应对国际转移增强本土供应链韧性，形成应对贸易保护主义、新一轮科技与产业变革等挑战的全球产业链重塑方案，参与和引领全球产业链重构。可借鉴富士康十余年的成功发展经验，推动形成具有全球影响力的产业链主导型企业，培育一批创新能力强、专业差异化的中小型代工企业，鼓励形成具备代工新技术、新模式、新业态的"独角兽"。以本土供应链韧性维护国际供应链稳定，积极布局国际产业链供应链，探索更高水平的对外开放格局。

后　记

　　中国电子信息产业发展研究院聚焦产业链供应链、产业政策等领域开展了持续深入的研究。在产业政策研究过程中，我们发现传统产业政策存在协调不足、支撑不够等局限性，不能很好适应当前全球产业链格局和布局逻辑调整、产业链竞争加剧、产业链安全性提升等现实情况，需以链式思维对产业政策进行系统性、全局性的谋划，即向产业链政策转型升级，以提高政策的精准性和有效性。因此，中国电子信息产业发展研究院将产业链政策研究选为 2022 年院重大课题之一，由新型工业化研究所联合电子信息研究所组建课题组进行研究。

　　本书凝聚了课题组每一位同事的贡献，具体分工情况如下：赵芸芸为课题负责人，各章节分工如下：第一章撰稿人为赵芸芸、林佳欣、童冰鑫；第二章和第三章撰稿人为李沁蔓；第四章撰稿人为林佳欣；第五章撰稿人为陈全思、童冰鑫；第六章撰稿人为陈全思；专题研究撰稿人为李艺铭、卢倩倩、高雅、张哲。当然，本书只是对产业链政策的初步研究，还存在许多有待进一步深入思考的地方，我们会继续努力、持续跟踪、不断完善。产业链政策研究尚处于探索阶段，还需要学术界、产业界等更多学者的智慧。

　　在研究过程中，课题组得到了许多专家领导的指导和点拨。工业和信息化部电子信息司史惠康副司长、原信息产业部经济体制改革与经济运行司副司长林元芳教授、国家发展和改革委价格成本调查中心主任黄汉权研究员、军委战略规划办政策法规中心原主任张子利研究员、国务院发展研究中心王忠宏研究员和李燕研究员、中国社科院工业经济研究所李晓华研究员和江飞涛副研究员、中国宏观经济研究院盛朝迅研究员、中国人民大学张杰教授、北京交通大学冯华教授、中共中央党校（国家行政学院）高惺惟副教授等领导专家不吝赐教、悉心指点，极大拓宽了课题组的研究思路和理解深度。工业和信息化部有关司局领导也为课题研究提供了指导和启发。在此，对所有关注和支持本书出版的领导和专家表示由衷的感谢。

反侵权盗版声明

电子工业出版社依法对本作品享有专有出版权。任何未经权利人书面许可，复制、销售或通过信息网络传播本作品的行为，歪曲、篡改、剽窃本作品的行为，均违反《中华人民共和国著作权法》，其行为人应承担相应的民事责任和行政责任，构成犯罪的，将被依法追究刑事责任。

为了维护市场秩序，保护权利人的合法权益，我社将依法查处和打击侵权盗版的单位和个人。欢迎社会各界人士积极举报侵权盗版行为，本社将奖励举报有功人员，并保证举报人的信息不被泄露。

举报电话：（010）88254396；（010）88258888

传　　真：（010）88254397

E-mail：　dbqq@phei.com.cn

通信地址：北京市海淀区万寿路 173 信箱

　　　　　电子工业出版社总编办公室

邮　　编：100036